3402

8° G
6...

PLAN

DE LA CLASSE XVI

RÉDUIT

PAR

L'HÉLIOGRAVURE

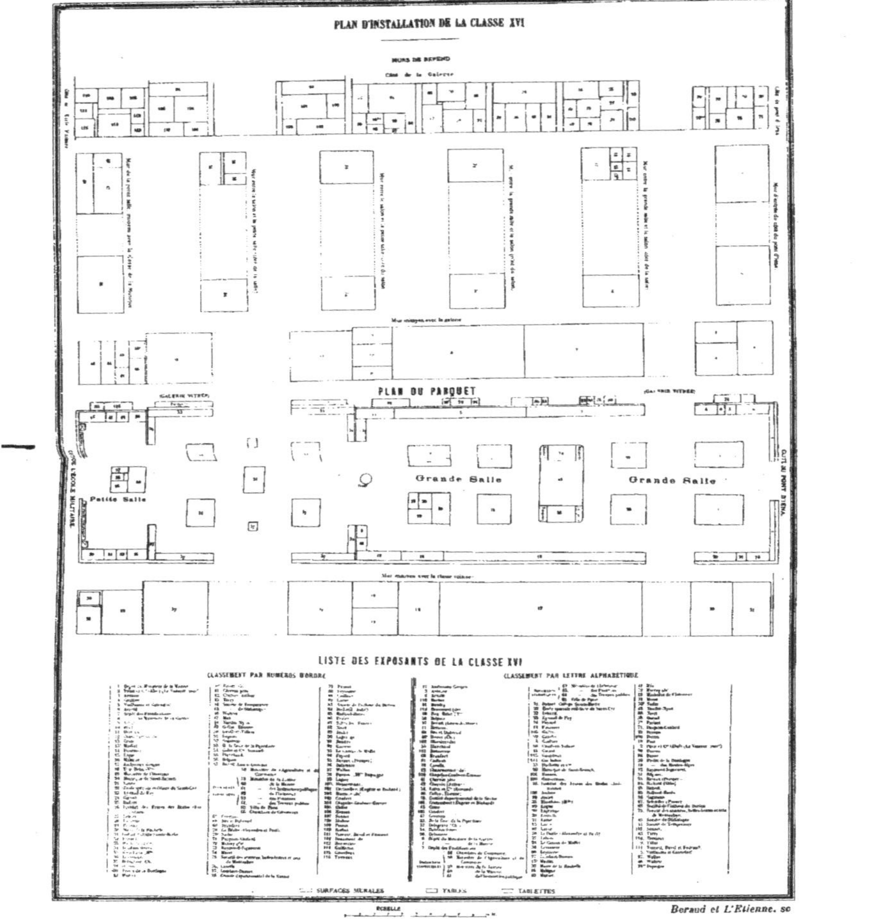
PLAN D'INSTALLATION DE LA CLASSE XVI
MURS DE REFEND
Côté de la Galerie
PLAN DU PARQUET
Grande Salle
Grande Salle
Petite Salle
LISTE DES EXPOSANTS DE LA CLASSE XVI
CLASSEMENT PAR NUMÉROS D'ORDRE
CLASSEMENT PAR LETTRE ALPHABÉTIQUE
SURFACES MURALES
TABLES
TABLETTES
ÉCHELLE
Beraud et L'Etienne. sc

EXPOSITION UNIVERSELLE DE 1878.

SECTION FRANÇAISE.

DEUXIÈME GROUPE (Classes 6 à 16).

Éducation et Enseignement. — Matériel et procédés des arts libéraux.

CLASSE 16.

Cartes et appareils de Géographie et de Cosmographie.

Cartes et Atlas topographiques, géographiques, géologiques, hydrographiques, astronomiques, etc.

Cartes physiques de toutes sortes. Plans en relief.

Globes et sphères terrestres et célestes.

Ouvrages et tableaux de statistique. Tables et éphémérides à l'usage des astronomes et des marins.

N. B. — L'ordre alphabétique a été suivi dans la *Liste des Exposants*. Tout ce qui se rapporte à la Statistique a été groupé sous le titre général de *Documents statistiques*.

Le Catalogue général officiel de l'Exposition devant être nécessairement très-sommaire, le Comité d'Installation de la Classe 16 a cru rendre service à la science, aux exposants et au public, en donnant une Notice plus détaillée sur les travaux que renferme cette classe ; il a prescrit que cette Notice fût distribuée aux membres des Comités, aux exposants, et mise en outre à la disposition des personnes qui en feraient la demande spéciale.

LE PRÉSIDENT,

Hippolyte Maze.

LISTE DES MEMBRES DU COMITÉ D'INSTALLATION.

BUREAU.

MM.

Maze (Hippolyte), professeur d'histoire et de géographie au Lycée Fontanes, membre du Jury au Congrès géographique de 1875, ancien préfet, 121 *bis*, rue de Rennes, *président*.

Prudent (Ferdinand), capitaine du génie, au Dépôt des Fortifications, 84, rue Saint-Dominique-Saint-Germain, *vice-président*.

Delalain (Paul), éditeur, 56, rue des Écoles, *secrétaire-trésorier*.

MEMBRES.

MM.

Delagrave (Charles), éditeur, 15, rue Soufflot.

Erhard, graveur, 12, rue Duguay-Trouin.

Gaultier (Jules), éditeur, 55, quai des Grands-Augustins.

Germain (Adrien), ingénieur hydrographe de la Marine, 2, rue de Vienne.

Guillemin-Tarayre (Edmond), ingénieur civil des Mines, 17, rue Gutenberg, parc des Princes, à Boulogne (Seine).

Maunoir (Charles), secrétaire général de la Société de Géographie, 14, rue Jacob.

ARCHITECTE CHARGÉ DES TRAVAUX D'INSTALLATION.

M. Crépinet, architecte de la Section française.

ENTREPRENEUR.

M. Sauvage, 15, rue Capron.

LISTE DES MEMBRES DU COMITÉ D'ADMISSION.

BUREAU.

MM.

Himly (Auguste), professeur de géographie à la Faculté des lettres de Paris, 90, rue d'Assas, *président*.

Malte-Brun (V. A.), président de la Commission centrale de la Société de Géographie, 16, rue Jacob, *vice-président*.

Germain (Adrien), ingénieur hydrographe de la Marine, 2, rue de Vienne, *secrétaire*.

MEMBRES.

MM.

Bugnot, lieutenant-colonel d'état-major, au Dépôt de la Guerre.

Delagrave (Charles), éditeur-libraire, 15, rue Soufflot.

Erhard, graveur, 12, rue Duguay-Trouin.

Galembert (de Bodin de), attaché au cabinet du Ministre de l'Instruction publique, ancien commissaire du Congrès géographique, au Ministère de l'Instruction publique.

Grandidier (Alfred), voyageur et publiciste, ancien secrétaire de la Société de Géographie, membre du Jury au Congrès géographique de 1875, 14, rue de Berry.

Guillemin-Tarayre (Edmond), ingénieur civil des Mines, 17, rue Gutenberg, parc des Princes, à Boulogne (Seine).

Le Clerc (Félix), lieutenant de vaisseau, attaché à l'observatoire de Montsouris.

Maunoir (Charles), secrétaire général de la Société de Géographie, 14, rue Jacob.

Maze (Hippolyte), professeur d'histoire et de géographie au Lycée Fontanes, membre du Jury au Congrès géographique de 1875, ancien préfet, 124 *bis*, rue de Rennes.

Prudent (Ferdinand), capitaine du génie, au Dépôt des Fortifications, 84, rue Saint-Dominique.

Rouby, chef d'escadron d'état-major, au Dépôt de la Guerre.

LISTE DES MEMBRES DU JURY DES RÉCOMPENSES.

BUREAU DU GROUPE II.

FRANCE. — M. Simon (Jules), sénateur, ancien président du Conseil des Ministres, membre du Comité d'admission à l'Exposition universelle de 1878, *président*.

ÉTATS-UNIS. — M. White, président de l'Université de New-York, 1er *vice-président*.

FRANCE. — M. Delisle (Léopold), membre de l'Institut, directeur et administrateur général de la Bibliothèque nationale, membre du Comité d'admission, 2e *vice-président*.

M. de Fallois, avocat, ancien chef de cabinet du Ministre des Travaux publics, chef du 2e et du 7e groupe à l'Exposition universelle de 1878, *secrétaire*.

M. Maze (Hippolyte), professeur d'histoire et de géographie au Lycée Fontanes, membre des Comités d'admission et d'installation à l'Exposition universelle de 1878 (section française), ancien préfet, *secrétaire*.

M. Vergé (Charles), auditeur au conseil d'État, chef de service à l'Exposition universelle de 1878 (sections étrangères), *secrétaire*.

M. Claude Lafontaine, ancien élève de l'École polytechnique, administrateur de l'école Monge, membre des Comités d'admission et d'installation à l'Exposition universelle de 1878, *secrétaire*.

JURÉS DE LA CLASSE 16.

ANGLETERRE ET SES COLONIES. — M. le docteur Selwyn, F. R. S.-F. G. S., director of the geological survey of Canada, *président*.

SUÈDE ET NORWÉGE. — M. le docteur Th. Kjerulf, professeur de minéralogie à l'Université de Christiania.

SUISSE. — M. le colonel fédéral Siegfried, à Berne.

FRANCE.—**M. Fuchs** (Edmond), ingénieur des Mines, 5, rue des Beaux-Arts, *secrétaire*.

M. Grandidier (Alfred), voyageur et publiciste, ancien secrétaire de la Société de Géographie, membre du Jury au Congrès géographique de 1875, membre du Comité d'admission à l'Exposition universelle de 1878, 14, rue de Berry ; *rapporteur*.

M. Himly (Auguste), professeur de géographie à la Faculté des lettres de Paris, membre du comité d'admission à l'Exposition universelle de 1878 ; 90, rue d'Assas.

M. Bugnot, lieutenant-colonel d'état-major, chef du 5e bureau (Dépôt de la Guerre) de l'état-major général, au Ministère de la Guerre, 231, boulevard Saint-Germain, *vice-président*.

SUPPLÉANTS.

M. Adan, major d'état-major belge, à Bruxelles.

M. Rodrigo Bruno, lieutenant-colonel de la garde civique, à Madrid.

M. Germain, ingénieur hydrographe, membre des Comités d'admission et d'installation à l'Exposition universelle de 1878 ; 2, rue de Vienne.

M. Maunoir, secrétaire général de la Société de Géographie, membre des Comités d'admission et d'installation à l'Exposition universelle de 1878 ; 14, rue Jacob.

LISTE ALPHABÉTIQUE

DES EXPOSANTS

NOTICE.

ANDRIVEAU-GOUJON [17]

Éditeur, rue du Bac, 4, à Paris.

Amérique du Sud, 1ᵐ,33 sur 0ᵐ,95. Échelle : 1/6 500 000. Dressée par MM. Vuillemin et Desbuissons, d'après les cartes de Codazzi, Niemeyer, Acosta, Ponce, Herndon, Paz-Soldan, Pissis, Martin de Moussy, etc. La gravure est sur acier et le tirage se fait sur la planche même. Les montagnes sont en hachures, au burin, et le coloriage se fait au patron et à la main.

Atlas usuel de Géographie moderne, comprenant 32 planches, de 0ᵐ,62 sur 0ᵐ,45 ; ces planches sont gravées en partie sur acier, et en partie sur pierre ; les planches sur acier sont tirées directement en noir et coloriées au patron et à la main ; les planches sur pierre sont tirées par report en plusieurs couleurs. Elles ont été dessinées par MM. Vuillemin, Desbuissons, etc. La montagne y est figurée en hachures.

Carte spéciale des chemins de fer et des voies navigables de la France, 0ᵐ,92 sur 0ᵐ,80. Échelle : 1/1 400 000. Dessinée par MM. Vuillemin et Potiquet, d'après la carte de la France en 2 feuilles publiée chez le même éditeur. Tirée directement sur la planche d'acier. Montagnes en hachures, au burin. Coloriage au patron et à la main.

Cartes de l'empire d'Allemagne, d'Europe physique et politique (1/7 800 000), **des États-Unis, d'Algérie**, 0ᵐ,98 sur 0ᵐ,65, extraites de l'*Atlas universel de géographie moderne*, comprenant 25 planches gravées sur métal, tirées directement en noir, et coloriées au patron et à la main. La montagne y est figurée en hachures.

Europe, 1ᵐ,22 sur 0ᵐ,98. Échelle : 1/4 500 000. Carte dressée à l'aide des cartes marines et de la carte des chemins de fer et des routes publiée par M. E. Andriveau-Goujon, et des meilleures cartes étrangères. Dessinée par M. Desbuissons et gravée sur acier. Le tirage, en noir, est fait directement avec la planche d'acier ; le coloriage est au patron et à la main. Les montagnes sont en hachures et au burin, avec éclairement par la lumière oblique.

Globe terrestre, 0ᵐ,80 de circonférence. Échelle : 1/50 000 000. Fuseaux dessinés par M. Desbuissons, à l'aide de bons documents. Gravé sur pierre et tiré en report. Coloriage au patron. Montagnes en hachures.

Les globes exposés par M. Andriveau-Goujon sont fabriqués par un procédé mécanique, à l'aide d'une machine spéciale. Ce procédé consiste à coller d'abord à plat l'épreuve sur carton mince, puis à découper à la machine les fuseaux de chaque hémisphère, en les laissant attachés entre eux à leur intersection au pôle. Le carton ainsi découpé est embouti sur un moule hémisphérique de la dimension exacte du globe à produire. Les hémisphères, ajustés l'un à l'autre par leur grand cercle de section en deux demi-sphères, sont reliés par une bande équatoriale exécutée à part. On obtient ainsi des globes vides, plus légers et plus solides que les globes en carton et en plâtre.

Globe terrestre, 1/40 000 000. Circonférence 1^m. Dessiné par **M.** Desmadryl, d'après les meilleures cartes générales. Ce globe, comme le précédent, fait partie d'une collection de globes métriques, à des échelles décimales, de 1^m; 0^m,80 ; 0^m,50 ; 0^m,40, que publie M. Andriveau-Goujon. Les fuseaux de ce globe sont gravés sur pierre et se tirent en report. Le coloriage est fait au patron ; les montagnes sont en hachures noires.

Carte orographique, hydrographique et routière de la France, 1^m,28 sur 1^m,15. Échelle : 1/1 000 000. Cette carte a été dessinée par feu Eugène Picard et par M. Vuillemin, d'après la carte de France à 1/80,000 de l'état-major. Les tracés de chemins de fer ont été fournis par les compagnies, et les routes par le Ministère de l'Intérieur. Les parties extérieures à la France ont été dressées d'après les cartes des états-majors étrangers. Carte gravée sur acier, imprimée en noir d'après la planche d'acier, et coloriée au patron et à la main. Les montagnes sont gravées au burin, en hachures.

Plan géométral de Paris, 1^m,50 sur 1^m. Échelle : 1/10 000. Dressé d'après les plans de Verniquet, de Vasserot, de Jacoubet, de Girard , et tenu au courant à l'aide des plans de la Ville. Les dessinateurs de ce plan sont MM. Letellier et Potiquet. Il est gravé sur cuivre, et tiré directement sur la planche même. Le coloriage est au patron et à la main.

Planisphère terrestre, 1^m,32 sur 0^m,95. Échelle : 1/3 000 000 (à l'équateur). Dressé d'après les cartes marines, les cartes du commodore Maury, de Berghaus, de Kiepert. Ce planisphère a été dessiné par MM. Vuillemin et Desbuissons. Il est gravé sur acier et le tirage s'en fait directement avec la planche d'acier. Le fond de la carte est en noir ; le coloriage est fait à la main et au patron. Le figuré des montagnes est en hachures, au burin.

ANTOINE [3]

A Saint-Dié (Vosges).

Carte de l'arrondissement de Saint-Dié, 2^m,90 sur 1^m,50. Échelle : 1/40 000. Carte dont le cadastre forme la base, et complétée à l'aide de la carte d'état-major et de renseignements pris sur place. Cette carte sera achevée par l'addition des montagnes telles qu'elles sont données sur une feuille spéciale. Elle a été dessinée par M. Antoine, et gravée sur pierre. La carte de la planimétrie (routes, localités , etc.) est en 4 couleurs, obtenues par autant de tirages. La carte, complétée par l'orographie, aura 5 couleurs obtenues par autant de tirages. Le relief est figuré par courbes de niveau de couleur sépia relevées, sur l'une des feuilles, par une teinte à l'estompe. Lumière zénithale.

ARNOLD (abbé) [6]

A Montreux-Château, près de Belfort (Haut-Rhin).

Études étymologiques sur les noms des communes du territoire de Belfort ; brochure in-8°.

BARBOT [110]

Dessinateur-géographe, 106, rue Monge, à Paris.

Système de projections en surfaces planes et à échelles exactes, carte de $1^m,50$ sur $0^m,95$. Dessinée par l'auteur. Les nouvelles projections pour l'établissement de cartes en surfaces planes et à échelles exactes peuvent être utilisées pour toutes espèces de cartes, soit pour l'enseignement, soit pour les usages particuliers. La montagne y est faite au pinceau et à l'encre de Chine. Elle est à vue perpendiculaire, c'est-à-dire que l'ombre y est toujours représentée du côté le plus rapide.

Tableau comparatif, par intensité de couleurs, de la richesse agricole en France, indiquant la population, la superficie par département et par chaque espèce de culture, le salaire moyen des travailleurs agricoles et le nombre des animaux de ferme. Dressé d'après les derniers documents officiels, 1877.

BAUDRY [91]

Éditeur, rue des Saints-Pères, 15, à Paris.

Carte du massif du Mont Blanc, dressée et dessinée par E. Viollet-le-Duc. Échelle : 1/40 000. Avec un volume de texte, in-8° (fig. et planches). Les éléments employés pour l'exécution de cette carte ont été recueillis par M. Viollet-le-Duc, qui s'est en outre servi des cartes du capitaine d'état-major Mieulet, de MM. Fabre, Forbes, O'Reilly, etc. Le relief est en hachures libres, relevées, en certains endroits, par des teintes au crayon lithographique. L'éclairement est supposé venir de 45° au sud-est, c'est-à-dire d'une direction opposée à celle de la convention ordinaire, ce qui fait que les parties ombrées sont au N.O. au lieu d'être au S. E. Gravure sur pierre. Tirage en 12 couleurs, à l'aide de 11 pierres pour chaque feuille. Les roches, terrains, etc., sont exactement représentés d'après des vues.

BEAUMONT (vicomte E. H. de) [112]

Au château du Périé, près de Rodez (Aveyron).

Carte ichthyologique des cours d'eau et lacs de la France. $0^m,81$ sur $0^m,78$. Échelle : 1/1 250 000. Le tracé géographique et hydrologique a été emprunté à la carte générale de France, par Dubréna. Les données ichthyologiques résultent de documents fournis officieusement par les ingénieurs des ponts et chaussées. Cette carte, dressée par M. de Beaumont avec la collaboration de M. Le Poulon, sous-ingénieur des ponts et chaussées, est manuscrite, et la publication en sera accompagnée d'un texte. Elle exigera 4 ou 6 couleurs pour représenter le peuplement ichthyologique particulier à certaines régions.

BELIN (Mme Ve Eugène) **[18]**

Éditeur, rue de Vaugirard, 52, à Paris.

Carte en relief et écrite de l'Asie, 0^m,365 sur 0^m,295. Échelle : 1/35 000 000 ; par MM. H. Pigeonneau et F. Drivet, d'après le *Bulletin de la Société de Géographie*, les *Mittheilungen*, l'atlas de Stieler et l'atlas de M. Delesse. Gravée sur pierre, tirée par reports en 7 couleurs par 3 tirages. Montagnes figurées en relief et par teintes et courbes de niveau. Relief fait en carton estampé ; l'impression du trait, de la lettre et des couleurs a lieu avant l'estampage. Le rapport des hauteurs à l'échelle horizontale est de 15 à 1. Échelle verticale : 1/2 300 000.

Carte en relief et écrite de l'Europe, 0^m,365 sur 0^m,295. Échelle : 1/13 000 000 ; d'après le *Bulletin de la Société de Géographie*, les *Mittheilungen*, l'atlas de Stieler et l'atlas de M. Delesse ; par MM. H. Pigeonneau et F. Drivet. Gravée sur pierre, tirée par reports en 7 couleurs par 3 tirages. Montagnes figurées en relief et par teintes et courbes de niveau. . Relief fait en carton estampé ; l'impression du trait, de la lettre et des couleurs se fait avant l'estampage. Le rapport des hauteurs à l'échelle horizontale est de 15 à 1. Échelle verticale : 1/870 000.

Cartes en relief et écrites de l'Afrique, de l'Amérique du Nord et de l'Amérique du Sud, 0^m,37 sur 0^m,30. Échelle : 1/25 500 000 ; par MM. H. Pigeonneau et F. Drivet, d'après le *Bulletin de la Société de Géographie*, les *Mittheilungen*, l'atlas de Stieler et l'atlas de M. Delesse. Gravée sur pierre, tirée par reports en 7 couleurs, à l'aide de 3 tirages. Montagnes figurées en relief et par teintes et courbes de niveau. Relief fait en carton estampé ; l'impression du trait, de la lettre et des couleurs se fait avant l'estampage. Le rapport des hauteurs à l'échelle horizontale est de 15 à 1. Échelle verticale : 1/1 700 000.

Carte hypsométrique de la France, 1^m,36 sur 1^m,25. Échelle : 1/800 000. Dressée d'après les cartes topographiques des états-majors français, espagnol, italien, suisse, bavarois, prussien, belge, de l'ordnance-survey-office ; d'après les cartes de Papen, de Stieler, de Ziegler, et d'après l'atlas de M. Delesse, pour les parties de la mer voisines des côtes. Établie par MM. H. Pigeonneau et F. Drivet, gravée sur pierre et tirée par reports en 15 couleurs (82 tirages pour les neuf feuilles). Relief du sol figuré par courbes de niveau et teintes hypsométriques.

France, 0^m,40 sur 0^m,48. **en relief et écrite.** Échelle : 1/2 000 000. Dressée par MM. H. Pigeonneau et F. Drivet, d'après les cartes des états-majors français et étrangers, et d'après les travaux les plus récents et les plus autorisés de la Suisse et de l'Allemagne. Gravée sur pierre par reports en 8 couleurs et 7 tirages. Montagnes figurées en relief et par teintes et courbes de niveau. Relief fait en carton estampé ; l'impression du trait, de la lettre et des couleurs se fait avant l'estampage. Le rapport des hauteurs à l'échelle horizontale est de 5 à 1. Échelle verticale : 1/400 000.

Carte en relief de la France physique et politique, avec forêts, canaux, chemins de fer, 1ᵐ,29 sur 1ᵐ,23. Échelle : 1/800 000 ; d'après les travaux de l'état major français et les publications les plus récentes et les plus autorisées de la Suisse et de l'Allemagne ; établie par MM. H. Pigeonneau et Drivet. Carte gravée sur pierre et tirée par reports en 9 couleurs et 30 tirages pour les quatre feuilles. Montagnes figurées par courbes de niveau, avec teintes hypsométriques. Relief fait en carton estampé ; l'impression du trait, de la lettre et des couleurs se fait avant l'estampage. Le rapport des hauteurs à l'échelle horizontale est de 4 à 1. Échelle verticale : 1/160 000.

Relief en plâtre de la France, ayant servi à l'exécution de la carte ci-dessus en carton estampé, modelé par M. F. Drivet.

Plan en relief et écrit de Paris et de ses environs, 1ᵐ,45 sur 1ᵐ,07 ; d'après la carte du département de la Seine dressée par la Ville de Paris. Tiré par reports, colorié à la main, relief en staff, par M. F. Drivet.

Petit plan en relief et écrit de Paris et de ses environs, 0ᵐ,44 sur 0ᵐ,54. Échelle : 1/40 000 ; d'après la carte de l'état-major ; tiré par reports, colorié à la main, relief en staff, par M. F. Drivet.

Relief du Mont Blanc, 0ᵐ,40 sur 0ᵐ,52. Échelle : 1/50 000. — **Relief de la vallée d'Aix**, 0ᵐ,45 sur 0ᵐ,52. Échelle : 1/40 000. Ces deux Reliefs ont été modelés par M. F. Drivet, moulés en staff et coloriés à la main, d'après la carte de l'état-major.

Relief en plâtre de la chaîne des Alpes, de la chaîne des Pyrénées et du Plateau Central, à l'échelle de 1/600 000 ; modelé par M. F. Drivet.

Reliefs en plâtre de l'Europe, de l'Asie, de l'Afrique, de l'Amérique du Nord et de l'Amérique du Sud, 0ᵐ,43 sur 0ᵐ,54, devant servir ultérieurement à l'exécution de cartes en relief et écrites en carton estampé. Modelés par M. F. Drivet.

Atlas et livres divers pour l'enseignement de la géographie par MM. Pigeonneau, Drioux et Leroy, Bainier, Hubault.

BELPOIS [56]

3, place des Cordeliers, à Lyon.

Cosmographe, indiquant la marche réelle des planètes et satellites autour du soleil, de 1ᵐ,40 sur 1ᵐ,20 ; parcours elliptique d'après les lois de Képler. Exécuté en métal et monté sur un pied.

BENOIT (Louis-Antoine) [57]

33, rue de la Pépinière, à Nancy.

Cosmographe pour l'exposition élémentaire du système solaire. Il donne :
1° le mouvement annuel de la terre autour du soleil, les saisons expliquées par le parallélisme constant des positions successives de l'axe terrestre ; 2° le mouvement de la lune autour de la terre et l'inclinaison du plan de son orbite sur l'écliptique, qui produit les nœuds et la périodicité des éclipses ; 3° le mouvement relatif des deux planètes intérieures, Mercure et Vénus ; 4° le mouvement de la planète extérieure, Mars. Appareil qui peut être replié sous un petit volume. Le diamètre des astres (sauf le soleil) est dans la proportion approximative de 1/200 000 000.

BERTAUX [11]

Éditeur, 25, rue Serpente, à Paris.

Atlas classique de géographie universelle, 54 cartes de $0^m,42$ sur $0^m,29$, 1 carte de $0^m,39$ sur $0^m,38$, 1 feuille pour les notions générales de cosmographie. Cet atlas est celui de Delamarche, revu par M. Desbuissons. 50 des cartes sont gravées sur acier et 5 sont gravées sur pierre. Ces dernières sont tirées en plusieurs couleurs. Les montagnes sont en hachures, avec lumière oblique.

Carte physique et politique de l'Europe, avec l'indication des chemins de fer et des voies de communication maritimes, $0^m,93$ sur $0^m,77$. Échelle : 1/3 700 000 ; dessinée par Dumas-Vorzet, d'après les documents les meilleurs. Gravure sur pierre, impression directe en 3 couleurs (bleu, bistre, noir). Montagnes en hachures, avec lumière oblique.

France hypsométrique, $0^m,535$ sur $0^m,410$. Échelle : 1/2 500 000, dessinée par MM. Desbuissons et Hansen, d'après les cartes de l'état-major. Cette carte fera partie de l'atlas Delamarche, composé de 56 cartes. Elle est gravée sur 3 cuivres et tirée directement en 3 couleurs (noir, bleu, bistre). Pour les terres, les courbes de niveau sont espacées de 100, 200, 300, 500, 1 000 et 2 000 mètres. Pour les mers les lignes de fond sont espacées de 20, 50, 100, 500 et 1 000 mètres.

Globes terrestres de $0^m,08$, $0^m,11$, $0^m,15$, $0^m,19$, $0^m,22$, $0^m,25$, $0^m,26$, $0^m,30$, $0^m,33$ de diamètre. En carton recouvert de pâte, montés sur colonne en bois noir et pouvant tourner sur leur axe. Quelques-uns sont pourvus d'un demi-méridien. Les fuseaux ont été gravés sur cuivre.

Globes terrestres de $0^m,25$, $0^m,33$, $0^m,38$, $0^m,50$ de diamètre, construits à l'usage des écoles, et montés sur pied en fonte, avec inclinaison de l'axe terrestre sur l'écliptique.

Globes terrestres de 0^m,25 et 0^m,33 de diamètre; **Globes célestes** de 0^m,25 et 0^m,30 de diamètre, en carton recouvert d'une pâte. Gravés sur cuivre avec grand soin, montés sur pied en bois noir avec horizon et méridien en cuivre divisés et gravés.

Globe terrestre et globe céleste de 0^m,50 de diamètre, par Dien, revus par M. Desbuissons. En carton recouvert d'une pâte. Pied en acajou, méridien en cuivre gravé; cercle horaire et boussole.

Globe céleste, par Lejeune, construit en zinc. Il permet d'expliquer aisément l'ascension droite et la déclinaison d'une étoile. Il est monté sur pied en acajou, et muni de cercles en cuivre. Ce globe est le complément de l'*Octant à pied azimutal*, par Lejeune, qui sert à trouver l'ascension droite et la déclinaison d'une étoile.

Planétaire à rouage donnant, à l'aide d'une manivelle, les deux mouvements de la terre, ceux de la lune et des différentes planètes, avec la relation de leurs vitesses respectives. L'appareil, qui a 0^m,50, est renfermé dans un globe de cristal (1^m,20 de diamètre), sur grand pied en acajou, avec roulettes.

Sphères de Copernic, sur pied en bois noir, avec colures et horizon en cuivre, de 0^m,25 et 0^m,30 de diamètre.

Sphères de Ptolémée, sur pied en bois noir, cercles en cuivre, de 0^m,25 et 0^m,33 de diamètre.

Planisphère céleste mobile, donnant immédiatement l'aspect du ciel, par Dien, 0^m,45 carrés; gravé sur cuivre et imprimé en 2 couleurs.

Planisphère du Journal le Ciel, par J. Vinot, 0^m,45 carrés; gravé sur pierre et imprimé en 2 couleurs.

Planisphère physique, — France en 1789, — Suisse, — Belgique, — Espagne et Portugal, — Iles Britanniques, — Brésil, — Asie Mineure, — Hellade et Péloponése, 0^m,12 sur 0^m,29. Le dessin de ces cartes, qui font partie d'une nouvelle édition de l'atlas Delamarche, a été fait par M. Desbuissons, d'après les données de la Géographie de MM. Lejosne et Dufresne. Sauf le planisphère, qui est gravé sur pierre, ces cartes sont gravées sur acier. Le tirage est fait directement. Les cartes sur acier sont imprimées en noir. Le planisphère est en 6 couleurs; les montagnes, en hachures, sont éclairées par la lumière oblique.

Livres de géographie.

BÈS ET DUBREUIL [68]

Éditeurs, 15, quai des Grands-Augustins, à Paris.

La France physique et routière, 0^m,55 sur 0^m,74. Échelle 1/2 000 000. Carte gravée sur acier et tirée directement sur la planche. Coloriage au patron. Elle donne les chefs-lieux de cantons, les divisions et subdivisions militaires, les archevêchés, etc., et des illustrations.

BIVORT (Ch.) [40 *bis*]

29, rue de Viarmes, à Paris.

Tableau graphique des sucres, présentant le cours moyen et la statistique générale des sucres dans les principaux pays pendant les années 1868 à 1877.

BLAESÈRE (DE) [102]

Graveur, 2, rue Chevert, à Paris.

Carte de France, 1ᵐ,40 sur 1ᵐ,51. Échelle : 1/800 000. Dressée d'après la carte de la Commission des Gaules, cette carte est destinée à former un atlas en 24 feuilles de la France par régions. Le dessin a été fait par M. Ch. Larochette, ancien dessinateur au Dépôt de la Guerre. Cette carte est lithographiée à la plume et au crayon. La montagne est dessinée à l'estompe avec éclairement à lumière oblique. L'impression, en 4 couleurs obtenues par 4 tirages, a été faite directement d'après les planches lithographiées.

BLANCHARD (Dʳ) [55]

A Pernes (Vaucluse).

Pupitres astronomiques, destinés à étudier les étoiles sur une carte vue par transparence, en les comparant avec les étoiles au ciel. Ces pupitres sont à double cadre d'inclinaison normale, et placés dans l'encadrement à rainure d'un encaissement rectangulaire, avec soubassement contenant un tiroir destiné à recevoir tout le petit outillage nécessaire à l'observateur (crayons, règle, compas, grande loupe, etc.). Le double cadre s'ouvre par en bas et peut contenir exactement les grandes cartes de l'atlas de Dien, rendues parfaitement transparentes par une préparation chimique. La carte est éclairée par une lampe fixée sur le parquet de la chambre et surmontée d'un tube en cuivre qui sert de cheminée. Des ouvertures de ventilation, convenablement disposées, renouvellent l'air à l'intérieur de l'appareil. La chambre de cet appareil est d'ailleurs entièrement doublée de toile peinte en blanc pour annuler l'influence du calorique. L'auteur expose plusieurs modèles de pupitres avec divers perfectionnements destinés à les rendre portatifs et usuels. Le pupitre astronomique peut être employé avec avantage dans l'enseignement élémentaire de la cosmographie.

BONNECASE [113]

Géomètre à Bilhères (Basses-Pyrénées).

Carte de la vallée d'Ossau, 0ᵐ,83 sur 0ᵐ,595. Échelle : 1/60 000. Carte dressée d'après les plans du cadastre pour la planimétrie et complétée, pour la montagne, avec la carte de l'état-major. Indications historiques et statistiques, d'après les archives départementales et les documents officiels. Cette carte, gravée sur pierre, est imprimée en 5 couleurs (routes en *rouge*, cours d'eau en *bleu*, forêts en *vert*, montagnes en *bistre*, écritures en *noir*). Les montagnes, éclairées à la lumière oblique, sont dessinées à l'estompe.

Une notice sur la vallée et ses vingt communes, ainsi qu'un tableau statistique, accompagnent cette carte.

BRUNFAUT [69]

Ingénieur, 31, rue Saint-Lazare, à Paris.

Carte de Paris et de ses environs, dessinée surtout en vue de l'indication des lignes, actuellement existantes ou projetées, des chemins de fer métropolitains et de banlieue de Paris.

CAILLAUX (A.) [81]

Ingénieur des Mines, 240, rue Saint-Jacques, à Paris.

Carte minière de la France, $1^m,12$ sur $1^m,03$. Échelle : 1/1 130 000. Cette carte, manuscrite, a été établie à l'aide des cartes géologiques les plus récentes, et des documents divers sur l'histoire, la situation, la description des gisements. Elle complète un travail du même auteur (Tableau général des mines métalliques et des combustibles minéraux de la France), publié par la Société des Ingénieurs civils. La carte a été dessinée par M. Caillaux; la lettre a été écrite par M. Barbot.

CAMUS DE MOFFET (LE) [93]

Commis principal des douanes, à Bordeaux.

Carte douanière de la France, $0^m,80$ sur $0^m,60$. Les différentes attributions affectées aux bureaux des douanes maritimes et des frontières de terre y sont indiquées, d'après le nouveau tarif officiel, par des couleurs et des annotations qui permettent de distinguer d'un coup d'œil si tel bureau est ouvert au transit ordinaire ou au transit international; s'il peut ou non y être présenté des marchandises prohibées; s'il y existe un entrepôt réel ou fictif des douanes; enfin s'il se trouve ouvert d'une part à l'entrée des machines et mécaniques, des armes, de la librairie, etc., et d'autre part à la sortie des boissons, des sucres raffinés, des ouvrages d'or et d'argent, etc. Cette carte, qui reproduit les grandes lignes des chemins de fer français et internationaux ainsi que les ports d'embarquement et les destinations des services maritimes et des grandes lignes à vapeur, a été gravée sur pierre et se tire en 5 couleurs.

Tableau des droits de statistique des douanes, présentant par ordre alphabétique toutes les interprétations données à l'article 3 de la loi du 22 janvier 1872 pour les marchandises assujetties à cette taxe.

J. CANELLE [76]

Ingénieur, 87, rue Notre-Dame-des-Champs,.à Paris.

Grande carte du bassin houiller du Nord. Échelle : 1/50 000 ; pour les coupes de détail : 1/20 000. Les plans du cadastre, ceux des compagnies houillères, la carte de l'état-major, enfin des données de sources diverses ont été utilisés pour l'établissement de cette carte, dessinée par M. Canelle. Elle est gravée sur pierre et imprimée par report en 4 couleurs et 9 teintes obtenues à l'aide de 4 tirages. Les accidents du terrain sont figurés en hachures.

CHANCOURTOIS (BÉGUYER DE) [12]

Ingénieur des Mines, 10, rue de l'Université, à Paris.

UNIFICATION DES TRAVAUX GÉOGRAPHIQUES. Programme d'un système de géographie fondé sur l'usage des mesures décimales, d'un méridien 0 grade international et des projections stéréographiques et gnomoniques. Présenté dans un panneau qui comprend : 1° les esquisses des 32 cartes d'un *atlas d'ensemble* correspondant au globe réduit à 1/100 000 000 (cadre de 1^m,30 sur 1^m,10), précédées d'un tableau-répertoire des 4 séries hémisphérique, octaédrique, hexaédrique et dodécaédrique, tracé sur le planisphère nautique édité par M. Robiquet (0^m,90 sur 1^m,10) ; 2° la minute de la carte d'une partie de l'Europe occidentale, spécimen de la première série trapézoédrique des feuilles de l'*atlas de détail* correspondant au globe réduit à 1/1 000 000 (dessin hydrographique et orographique sur canevas gnomonique lithographié : 1^m,30 sur 1^m,10), précédée d'un tableau-répertoire des séries (0^m,90 sur 1^m,10) ; 3° une notice explicative (*voir* le Bulletin de la Société de Géographie, 1874) et des tableaux et diagrammes relatifs à la classification des altitudes, etc. Accompagné d'instruments disposés pour faciliter l'usage des mesures décimales et de modèles destinés à faire saisir d'un coup d'œil les caractères des projections employées et les rapports des cartes du système avec le globe.

OCTO-PLANISPHÈRE GNOMONIQUE. Carte muette du globe établie pour l'étude des alignements géographiques (demi-grand-aigle à 0^m,45 sur 0^m,62), obtenue par la projection gnomonique du globe réduit à 1/100 000 000 sur les faces de l'octaèdre régulier circonscrit et par le développement de cet octaèdre ; accompagnée d'une planche de construction donnant le tracé rectiligne du Réseau pentagonal et d'une feuille de texte. Éditée par M. Bertaux. — Les deux planches gravées en héliographie par M. Dujardin, avec additions en taille-douce d'après le dessin minute de feu E. Picard (*voir* pour les applications l'exposition du Ministère des Travaux publics, notice V du corps des Mines). — Spécimen de l'octaèdre formé avec l'octoplanisphère et offrant une représentation du globe convexe et continue, mais susceptible d'être remise en portefeuille.

Appareil armillaire à coupoles. Disposé, en vue de l'étude des alignements géographiques, pour faire tourner les globes autour d'un axe quelconque et manifester ainsi tout système de grands cercles conjugués par un normal (*voir* pour les applications l'exposition du Ministère des Travaux publics, notice V du corps des Mines).

L'auteur a eu pour collaborateurs de ces divers travaux : MM. E. Picard, J. Thoulet, Constans et Parquet, *géographes;* Dujardin, Chapellier et Leclère, *graveurs;* Dumoulin-Froment, *ingénieur-constructeur.*

CHAPELAS-COULVIER-GRAVIER [104]

A l'observatoire du Luxembourg.

Carte indiquant les étoiles filantes, d'après les observations faites à l'observatoire du Luxembourg.

Ces météores ont leurs centres de radiation répartis sur une courbe fermée dont l'inclinaison sur l'équateur est d'environ 27° S. O. Leur direction moyenne varie du soir au matin du N. E. au S. O., comme l'indique une courbe spéciale.

CHERVIN [42]

Directeur de l'Institution de Bègues, 90, avenue d'Eylau, à Paris.

Statistique du bégaiement en France : tracé graphique reproduisant la marche du bégaiement en France de 1850 à 1859; cartes de France indiquant la distribution géographique des bègues exemptés du service militaire de 1850 à 1869, et les variantes dans la fréquence du bégaiement pendant les périodes décennales 1850-59, 1860-69.

CHERVIN (Dr Arthur) [41]

90, avenue d'Eylau, à Paris.

Essai de géographie médicale de la France; série de 23 petites cartes de France, présentant par des teintes graduées l'intensité des principales maladies ou infirmités dans chaque département.

COLIN (Armand) et Cie [54]

Éditeurs, 1 et 3, rue Mézières, à Paris.

Appareils J.-B. Laurent, pour l'enseignement de la cosmographie. Cinq appareils aussi simples que possible, construits d'après les modèles de feu J.-B. Laurent. Ils montrent les mouvements simultanés de la terre et de la lune, les mouvements de la terre et les saisons, l'inégalité des jours et des nuits, les phases de la lune, la cause des éclipses.

Atlas géographique Foncin : Cours préparatoire (in-8° oblong), 24 pl. — Première année (in-4°), 40 pl. — Ces atlas ont été dessinés par MM. Bagge, Desbuissons, Dumas-Vorzet, Gauthier, Hansen. Les cartes, gravées sur pierre, ont été reportées sur zinc, en relief, et imprimées typographiquement en 6 couleurs, par 4 tirages. Le texte est constamment en regard des cartes.

Feuilles de géographie. 15 feuilles destinées à être écrites par l'élève. Elles sont accompagnées de questions. Cartes produites par agrandissement photographique des cartes de l'atlas Foncin (1re année). Elles sont gravées sur pierre et reportées sur zinc; tirage en bleu.

COLLIN (Étienne) [49]

Graveur, 47, rue de Vaugirard, à Paris.

Étude de gravure hydrographique, plages de sable et vase, plateaux de roches à basse marée, comprenant une partie de la côte de Bretagne entre Perros et Portblanc; échelle de 1/15 000. Dessinée et gravée sur métal par l'exposant.

Cartes diverses de topographie terrestre ou marine, côtes de Naples, Gênes, Hyères, La Spezzia, Morlaix, etc., à échelles et dimensions différentes.

Étude topographique d'une partie du Mont Cenis, levée par courbes horizontales et éclairée suivant le système de la lumière zénithale; échelle : 1/80 000. Dessin de C. Pupier, gravure de E. Collin.

Carte de Suisse. Échelle : 1/673 565; gravée sur acier pour l'atlas de M. Vivien de Saint-Martin.

COMITÉ DÉPARTEMENTAL DE LA SAVOIE [78]

A Chambéry.

Carte des eaux minérales de la Savoie et de la Haute-Savoie, dressée par M. Barbier, directeur des douanes, à Chambéry, 1m,25 sur 0m,85. Échelle : 1/150 000. Lithographiée chez M. Perrin, à Chambéry, et tirée en plusieurs couleurs.

Carte industrielle des départements de la Savoie et de la Haute-Savoie, dressée par M. Barbier, 1m,25 sur 0m,85, gravée sur pierre. Les indications économiques ont été reportées à la main.

Carte géologique du département de la Savoie, par MM. Ch. Lory, L. Pillet et l'abbé P. Vallet. 0m,82 sur 0m,60. Échelle : 1/150 000. Cette carte, dressée d'après les cartes topographiques de l'ancien état-major sarde, a été coloriée géologiquement d'après des études sur le terrain. Elle a été lithographiée par M. Dijond. Elle est coloriée à la main (18 couleurs). Les montagnes sont en hachures, à lumière oblique. Des signes, au nombre de 22, indiquent les mines, carrières, eaux minérales, matières utiles, etc.

CORTAMBERT (E. et R.) [101]

Géographes, 64, rue de Saintonge, à Paris.

Géographie biographique de la France. Distribution des personnages célèbres par lieux de naissance et par genres de célébrité. Échelle :
1/700 000 ; carte dressée d'après les recherches originales des auteurs,
accompagnée d'un tableau alphabétique des personnages célèbres. Cette
carte est manuscrite.

COSTE [13]

Docteur en médecine, à Salins (Jura).

Relief général du mont Poupet (chaîne du Jura). Échelle : 1/10 000.
Établi d'après la carte de l'état-major et sur le terrain. Exécuté en plâtre
et indiquant la nature géologique du terrain par des teintes différentes
et graduées.

COUDERT [103]

Conducteur des ponts et chaussées, à Clermont-Ferrand (Puy-de-Dôme).

Les Monts Dôme, les Monts Dore. croquis à 1/50 000, pris sur le terrain.
Planimétrie établie à l'aide des plans cadastraux. Ces cartes sont gravées
sur pierre et tirées à 7 couleurs, par 7 tirages. Les montagnes sont à
l'estompe, en bistre, avec lumière oblique. M. Coudert n'a envoyé que
les photographies de ses minutes.

COURTOIS [67]

Membre de la Société d'Économie politique, 4, rue Nollet, à Paris.

Tableaux des cours des principales valeurs, négociées à Paris, Lyon et
Marseille, du 17 janvier 1797 (20 nivôse an V) au 31 décembre 1876 ;
1 vol. in-8º oblong.

DE LA COUR DE LA PIJARDIÈRE [53]

Archiviste de l'Hérault, à Montpellier (Hérault).

Annuaire de l'Hérault, fondé en 1818 et publié sans interruption depuis
cette époque : 61 volumes in-18.

DELAGRAVE (Ch.) [37]

Éditeur, 15, rue Soufflot, à Paris.

Carte murale de France. Échelle : 1/1 000 000. Carte physique, politique,
historique et économique, dressée à l'aide de la carte de l'état-
major à 1/320 000 et de la carte oro-hydrographique des Gaules à

1/800 000 pour la partie française, à l'aide des cartes chorographiques pour les pays étrangers. Hachures représentant les montagnes, plans d'altitude indiqués par des teintes bistres dégradées ; courbes tracées d'après les courbes de la carte du Génie au 1/500 000 ; teintes bleues dégradées indiquant la profondeur des mers, d'après les cartes marines. — Une **Carte murale élémentaire,** contenant seulement les noms nécessaires à l'enseignement primaire, a été tirée de la carte précédente.

Carte murale de France. Échelle : 1/600 000. Cette carte, contenant des renseignements complets sur la partie historique, a été dressée à l'aide de la carte à 1/320 000 pour la France, des cartes chorographiques pour l'étranger, des courbes de la carte du Génie à 1/500 000. Elle est dressée, comme la première, de manière à combiner la hachure et les teintes hypsométriques pour rendre le relief du sol plus apparent. Les profondeurs de la mer y sont figurées aussi par des teintes hypsométriques. Cette carte est destinée à l'enseignement primaire supérieur et à l'enseignement secondaire.

Carte murale d'Europe. Échelle : 1/4 000 000. Physique, politique, administrative et économique (bassins houillers, cultures, industries, chemins de fer, etc.), dressée dans le même esprit que les précédentes : mettre en évidence le relief du sol par la combinaison des teintes hypsométriques et des hachures. Le relief a été étudié d'après les cartes réduites d'état-major pour tous les pays qui possèdent des cartes de ce genre, d'après les meilleures autorités pour les autres pays ; les courbes sont pour plusieurs États le résultat d'un travail original fait à l'aide des cotes sur des cartes à grande échelle. Il en est de même pour les courbes de mer. Des figures de statistique, disposées sur un des côtés de la carte, aident à comprendre les rapports de puissance des États d'Europe.— Une **Carte murale élémentaire** a été tirée de cette carte, à l'usage de l'enseignement primaire.

Carte murale de la Terre. Échelle : 1/25 000 000. Construite comme les précédentes au point de vue de la géographie physique, politique et économique (productions, câbles télégraphiques, lignes de navigation, etc.). Les côtes ont été dessinées d'après les cartes de la Marine ; l'intérieur des terres d'après les cartes les plus autorisées et d'après les voyages récents. Le relief du sol y est figuré par des teintes hypsométriques, dont les courbes sont le résultat d'un travail original ; la montagne, qui sera en outre figurée par des hachures, est entre les mains du graveur. Les courbes marquant les profondeurs de la mer sont également le résultat d'un travail original. Elle est accompagnée des coupes de chacune des parties du monde ; des petits planisphères, disposés en forme de cartons, font connaitre le régime des vents, des courants, des pluies, le commerce, les races humaines, etc.

Carte murale de l'Asie. Échelle : 1/10 000 000. Le dessin, sans la lettre, est seul exposé ; ce dessin exécuté par M. Bagge a été fait d'après les mêmes procédés scientifiques : emploi des cartes marines et des

cartes originales russes ou anglaises, voyages récents, courbes étudiées
à l'aide des cotes actuellement connues, profondeurs de la mer, etc.

Le dessin des cartes d'**Afrique et Australie**, des **deux Amériques,** est
exécuté par les mêmes procédés scientifiques.

Des **tableaux-cartes en toile ardoisée** correspondent à chacune de
ces cartes murales et facilitent au professeur les exercices géographiques
au tableau.

Cartes diverses de l'Atlas physique, politique, économique. Les cartes
exposées sont : les 8 planches contenant 114 cartes de la France étudiée
au point de vue de la météorologie, de l'agriculture, de l'industrie, du
commerce, de l'administration et de la population, dressées d'après des
travaux originaux ; — la carte géologique, la carte hypsométrique et la
carte oro-hydrographique de France, dont la lettre n'est pas encore
gravée ; — le dessin de la carte de Scandinavie, exécuté par le capitaine
Bagge, de l'armée suédoise, d'après les cartes d'état-major de Suède et de
Norwége, et d'après les cartes marines.

Texte-Atlas de la France, comprenant 8 cartes imprimées en chromo-
lithographie et accompagné d'un texte avec figures, à l'usage de l'enseignement primaire.

Cartes murales typoplastiques, dressées par M. Naud-Évrard sous la
direction de M. E. Levasseur. D'un effet original et pittoresque, ces
cartes présentent la terre dans l'espace sous six aspects différents qui
correspondent à chacun des grands centres du monde.

Cartes murales dressées par M. A. Brué, revues et complétées par M. E.
Levasseur, se distinguant par de nombreux détails et par leur exécution soignée. Elles viennent d'être revisées sous le rapport des nouvelles
découvertes, des voies de communication, limites d'États, chemins de
fer, lignes de navigation, lignes télégraphiques, vents, courants, etc.

Carte générale de l'Europe, par M. Naud-Evrard. Échelle : 1/4 000 000 ;
1^m,34 sur 1^m,75 ; imprimée en couleurs et retouchée au pinceau.

Carte d'Europe de M. Larochette, dessinateur au Dépôt de la Guerre,
exécutée en chromo-lithographie. Les terres se détachent nettement
sur l'azur des mers ; les noms sont écrits en gros caractères, et les
points indiquant la place des villes sont marqués fortement. Les eaux
sont en bleu. Les massifs des montagnes, imprimés en bistre, sont représentés à leur véritable échelle, indiquée par l'intensité des ombres.
— Il est également exposé une **Réduction de cette carte** à 1/6 000 000.

Collection des reliefs géographiques et topographiques portant les
noms de Bardin, Levasseur, Kleinhans, Muret, Eynaud de Fay, Girard,
(étude de la topographie, montagnes françaises, France, Europe, département de la Seine, etc.).

Globe dressé par M. E. Levasseur, à la fois physique, politique, économique ; il marque les plans hypsométriques des cinq parties du monde, représente avec son relief réellement proportionnel la plus haute montagne du globe ; il est à l'échelle la plus simple pour un globe, à 1/40 000 000, et a 1 mètre de circonférence.

Globes ardoisés de M. E. Levasseur, avec méridiens et parallèles tracés, permettant au maitre d'exercer l'élève à dessiner sur le globe comme sur la carte murale ardoisée.

Globes dressés par M. Ch. Périgot, dessinés par M. Mouraux. Les mers et les fleuves sont en bleu ; les chaines de montagnes, en bistre ; les noms, en noir, ainsi que les lignes de navigation et les câbles transatlantiques sous-marins ; les courants marins se détachent en blanc sur le fond bleu de la mer, leur direction est indiquée par des flèches.

Globe élémentaire de M. Périgot, destiné tout particulièrement aux écoles primaires. Échelle : 1/30 000 000.

Globes de MM. Ch. Larochette et L. Bonnefont. Les mers et les fleuves sont teintés en bleu, le blanc indique les courants ; le bistre, les montagnes ; le noir, les lignes de navigation.

Globes célestes dressés par M. Ch. Simon et par le capitaine Bagge. Les étoiles ressortent en blanc sur le fond du ciel teinté en bleu ; leurs divers ordres de grandeur sont indiqués par des signes faciles à reconnaitre. Les noms des constellations et des étoiles, ainsi que les principaux cercles de la sphère, sont tracés en noir.

Atlas Brué, revu par M. Levasseur, aidé de deux membres de la Société de Géographie, MM. Malte-Brun et Dufresne, mis au courant des plus récentes découvertes de la science moderne et en conformité avec les derniers événements de la politique contemporaine dans les cinq parties du monde.

Collection variée de livres et d'atlas pour l'enseignement de la géographie dans les établissements d'enseignement supérieur, secondaire et primaire, dans les écoles régimentaires, à l'usage de l'armée et des gens du monde.

Instruments scientifiques pour l'étude de la topographie : alidade auto-réductrice, boussoles, pendulographe, planétaire, etc., dus à MM. le capitaine Peigné, le capitaine Grandjean, Hennequin, Betboy, le capitaine Morin.

Revue de géographie, dirigée par M. Ludovic Drapeyron, paraissant tous les mois par livraison de 5 feuilles grand in-8°, format de nos grandes revues littéraires, avec cartes.

Pendule et montre universelles géographiques, donnant par une simple lecture l'heure dans les principales villes du monde. La pendule comprend trois modèles : 1° grand œil-de-bœuf avec ou sans sonnerie pour classes et bureaux ; 2° cartel pour salle à manger ou salon ; 3° pendule de cheminée. — La montre universelle est, à l'extérieur, en tout semblable aux montres ordinaires ; mais à la place de la double cuvette intérieure se trouve un cadran divisé, sur lequel se lit l'heure dans les différentes villes du globe.

DELALAIN Frères [34]
Éditeurs, 56, rue des Écoles, à Paris.

Atlas complet de géographie contemporaine, ancienne, du moyen âge et moderne, par Henry Chevallier, professeur agrégé d'histoire et de géographie ; composé de 40 planches de 0^m,53 sur 0^m,41, donnant 67 cartes. L'échelle de ces cartes est variable ; elles sont toutes gravées sur acier, tirées pour la plupart en taille-douce ; elles sont coloriées au patron et au pinceau. Cependant les planches XXXIII, XXXIV, XXXV, XXXVI, sont tirées par report sur pierre et coloriées par des procédés chromo-lithographiques avec 4, 5 et même 6 couleurs.

Ces cartes ont été dessinées par M. P. Bineteau et par M. A. Vuillemin. La montagne y est figurée en hachures. Les cartes historiques sont surtout remarquables par l'abondance des détails et la netteté des situations politiques successives, déterminée par les soins donnés au coloris. Les deux cartes de la *France administrative* et de la *France judiciaire* en 1789 sont accompagnées d'un texte explicatif sous forme de tableaux.

Atlas de géographie, par MM. Lebrun et Le Béalle. Ces atlas, divisés en quatre degrés, se composent de 42 planches gravées sur cuivre ou sur acier et tirées partie en taille-douce, partie en chromo-lithographie sur 4 et 5 pierres. Les cartes présentent cette particularité qu'elles sont dressées d'après une méthode spéciale d'enseignement ; au bas, ou autour de la contrée qu'elles représentent, sont disposés des questionnaires ; les noms qui répondent aux questions imprimées sont seuls gravés sur les cartes. Forcé de chercher la réponse sur la carte, celui qui étudie la géographie avec ces atlas fixe mieux dans sa mémoire la configuration des pays et la situation des lieux qu'il cherche à connaître.

Cartes physiques des bassins des grands fleuves de la France et de l'Europe, ayant en général 43 cent. de large sur 30 cent. de haut ; dressées par M. Alexandre Vuillemin, d'après les cartes du Dépôt de la Guerre pour la partie française, et d'après les meilleurs et les plus récents travaux géographiques de chaque pays pour les autres parties. Gravées sur pierre et tirées par report en 3 couleurs, bistre pour les montagnes, bleu pour l'eau, noir pour la lettre. La montagne est figurée par des hachures disposées de telle manière qu'elles donnent une idée du relief réel du terrain.

Ces cartes font partie d'un atlas physique en cours d'exécution et qui se complète successivement. Elles sont actuellement au nombre de 12, savoir :

1º La Seine et la Somme (Échelle 1/1 510 000) ;
2º La Loire, la Vilaine et la Charente (1/1 850 000) ;
3º La Garonne et l'Adour (1/1 450 000) ;
4º Le Rhône et la Saône (1/1 760 000) ;
5º Le Rhin, la Meuse et l'Escaut (1/2 350 000) ;
6° L'Elbe, l'Oder et le Weser (1/2 360 000) ;
7° La Vistule, le Dniéper, la Duna, le Niémen et le Dniester (1/4 500 000);
8º Le Volga, le Don et la Dwina (1/6 500 000) ;
9º Le Danube (1/4 000 000) ;
10º Le Pô et l'Adige (1/1 290 000) ;
11º L'Èbre (1/1 600 000) ;
12º France physique (1/2 200 000).

Carte d'Europe, par MM. Morin et Engelmann, 2ᵐ,50 de large sur 2 mètres de haut. Échelle : 1/2 315 000. Le tirage est fait directement sur les pierres de gravure. La carte est coloriée à la main. La montagne y est figurée par le système des hachures.

Publications diverses (livres, atlas) pour l'enseignement de la géographie et de la cosmographie.

DELAMARE [96]

Graveur, 45, rue Saint-André des Arts, à Paris.

Nueva Mappa de Europa, 0ᵐ,90 sur 1ᵐ,25. Échelle : 1/10 400 000. Cette carte, dressée par M. Delamare, fait partie d'une collection de 8 cartes. Elle est gravée sur pierre et tirée directement en 2 couleurs (noir et bleu). Les montagnes sont en hachures.

DÉPOT DE LA GUERRE[1].

Au Ministère de la Guerre, 231, boulevard Saint-Germain, à Paris.

Carte de France par l'État-Major[2], 12ᵐ,30 sur 12ᵐ,50. Échelle : 1/80 000. Carte appuyée sur une grande triangulation géodésique et levée sur le terrain. — Réduction des cadastres; quelques levés à 1/20 000 et minutes à 1/40 000 par les ingénieurs géographes et les officiers du corps d'état-major. — La carte entière comprend 273 feuilles, avec la Corse, dont la gravure n'est pas encore terminée. La partie exposée ne se compose que de 258 feuilles. Chaque feuille a 0ᵐ,50 sur 0ᵐ,80. —

---

1. La plupart des cartes dont suit l'énumération ont été dessinées par les dessinateurs du Dépôt de la Guerre, d'après les minutes des officiers d'état-major et sous la direction de l'officier supérieur chef du service du dessin.
2. Cette carte est exposée dans la galerie du travail manuel.

Ces feuilles ont été dessinées par des ingénieurs géographes d'abord et des officiers du corps d'état-major ensuite. — La carte est gravée sur cuivre. Les planches de cuivre sont reproduites par la galvanoplastie et ce sont les planches reproduites qui servent au tirage. — Impression en noir. — Montagne figurée par des hachures; hypothèse de la lumière verticale. — Les 258 feuilles dont se compose la partie continentale de la France, ont été assemblées sur 32 panneaux dont les plus grands comprennent 16 feuilles. L'écusson qui porte le titre est dû à M. Heneux, architecte, ainsi que la décoration générale.

Carte de France, réduction de la carte de l'état-major à 1/80 000, 3^m,50 sur 3^m,60. Échelle : 1/320 000. La carte se compose de 32 feuilles, dont une sera spécialement consacrée à la Corse; cette dernière porte le n° 33 ; la planimétrie seulement en est faite. — La carte de France à 1/320 000 a été dessinée sous la direction des officiers du corps d'état-major ; elle est gravée sur cuivre et tirée sur des cuivres reproduits. — Impression en noir. — Montagne figurée par des hachures ; hypothèse de la lumière verticale. — La carte présente seulement les voies de communication principales, et tous les lieux habités jusqu'aux chefs-lieux de commune inclusivement. — La montagne de la feuille d'Avignon est encore en cours d'exécution à la gravure.

Environs de Rouen, longueur et largeur 1 mètre. Échelle : 1/20 000. — Carte exécutée d'après des amplifications photographiques des minutes à 1/40 000 de la carte de France, revues et corrigées sur le terrain par des officiers de la garnison. — Le Dépôt de la Guerre se propose de publier, suivant ce type, les environs des principales garnisons, dans un rayon de 10 à 12 kilomètres autour de la ville. — Autographiée au Dépôt de la Guerre d'après les minutes dessinées par les officiers. — Tirage en report. — 5 couleurs, 5 tirages. — Courbes de niveau de 5 en 5 mètres.

Environs du camp de la Valbonne, 0^m,94 sur 1^m,15. Échelle : 1/20 000. Plan dressé d'après des amplifications photographiques des minutes à 1/40,000 de la carte de France, revues et corrigées sur le terrain par M. Mauny, capitaine au 10e régiment d'infanterie. — Fait partie de la série des Environs de garnison. — Les courbes ont été autographiées au Dépôt de la Guerre. — L'équidistance est de 5 mètres. — Impression en 2 couleurs par 2 tirages (en report).

Carte du massif des Alpes (en cours d'exécution), 3^m,60 sur 2^m,10. Échelle : 1/80 000. — Extrait de la carte de France à 1/80 000 pour la partie française; d'après la carte du Piémont à 1/50 000 pour la partie étrangère. — La carte comprendra 72 feuilles ; 34 sont terminées. On a remplacé les feuilles en cours d'exécution par leurs homologues de la carte de France à 1/80 000 (gravure sur cuivre). — La carte des Alpes est gravée sur pierre et imprimée en report à 4 couleurs par 3 tirages. La teinte des bois a été obtenue par la combinaison du bleu des eaux avec le bistre de la montagne. — Courbes de niveau à l'équidistance de

20 mètres, régulières dans la partie française, mais seulement approximatives dans la partie étrangère. — Ce mode de reproduction des feuilles de la carte de France à 1/80 000 a pour but de rendre plus claires et plus lisibles les parties de cette carte qui représentent des régions montagneuses.

Carte de la frontière des Alpes (en cours d'exécution), 1ᵐ,50 sur 0ᵐ,80. Échelle : 1/320 000. — Extrait de la carte de France à même échelle, pour la partie française. La partie extérieure sera complétée à l'aide des cartes du Piémont à 1/50 000 et de la Suisse à 1/100 000. — Elle comprendra 10 feuilles, dont 6 sont entièrement terminées. — Elle est gravée sur pierre et tirée en report, à 3 couleurs obtenues par autant de tirages. — La montagne est exprimée par des courbes horizontales à l'équidistance approximative de 40 mètres. Ces courbes ne sont à vrai dire que des hachures horizontales exprimant par leur écartement le plus ou moins de pente du terrain. — Dans l'origine, le Dépôt de la Guerre avait établi les premières feuilles de cette carte d'après un système mixte. gravure sur pierre pour la planimétrie, report en bistre de la carte de France à même échelle pour la montagne. Les deux feuilles du nord-ouest offrent un spécimen de cette première manière. Le figuré du terrain y sera exprimé plus tard par des courbes horizontales, comme pour les 6 feuilles actuellement terminées.

Carte des chemins de fer français, 0ᵐ,61 sur 0ᵐ,81. Échelle : 1/1 600 000. Réduction de la carte de France à 1/320 000. — Gravure sur cuivre. — Tirage direct sur les cuivres. — Impression en noir. — Carte sans montagne. — Cette carte, constamment tenue au courant, présente tous les chemins de fer actuellement exploités sur le territoire français, avec l'indication de toutes les stations et des chemins à une ou à deux voies.

Carte des chemins de fer français, 1ᵐ,20 sur 1ᵐ,60. Échelle : 1/800 000. — Amplification de la carte à 1/1 600 000 désignée ci-dessus. — Cette amplification a été faite par l'atelier photo-lithographique du Dépôt de la Guerre. — Photo-zincographie en couleurs. — Tirage en report pour les 6 couleurs. — 7 couleurs, 7 tirages. — Sans montagne. — Le réseau de chaque compagnie est indiqué sur cette carte par une couleur spéciale.

Figuré du terrain dans les hautes montagnes. Essais divers. — 3 spécimens de 0ᵐ,32 sur 0ᵐ,25. — Échelle : 1/80 000. — D'après la carte de France à 1/80 000, feuille d'Annecy. — Le spécimen n° 1 est un simple report sur pierre d'une portion de la feuille d'Annecy à 1/80 000, gravée sur cuivre. La montagne y est tellement chargée que les écritures sont presque illisibles. — Les spécimens nᵒˢ 2 et 3 sont une transformation du n° 1 par la chromo-lithographie. Les eaux ont été gravées sur pierre et tirées en bleu ; les voies de communication et les écritures ont été également gravées sur pierre et tirées en noir. Pour obtenir le figuré du terrain sur le n° 2, on s'est servi du report n° 1, encré en bistre, en repérant convenablement. Dans le n° 3 on a substitué à la montagne en hachures des courbes horizontales régulières de couleur bistre. — Le no 2 est donc une combinaison de gravure sur pierre et de report; il exige 3 pierres et 3 tirages. Le no 3 est entièrement gravé sur pierre; il demande également 3 pierres et 3 tirages. — La planimétrie et les écritures sont identiques dans les 3 spécimens. Le figuré de la montagne en bistre permet de lire avec facilité les écritures et toutes les indications planimétriques.

Carte de l'Algérie, 0^m,95 sur 1^m,26. — Échelle : 1/800 000. — Carte dressée d'après les levés réguliers, les reconnaissances et les itinéraires des officiers d'état-major; ces documents ont été rattachés à une géodésie générale. Les dessins minutes ont été exécutés par MM. Titre, chef d'escadron, Derrien et Parisot, capitaines d'état-major. — Gravure sur pierre. — Tirage en report. — 2 couleurs, 2 tirages. — Planimétrie sans figuré de terrain. — Cette carte représente l'état exact de l'Algérie en 1876 au point de vue des voies de communication et des centres de population.

Extrait d'une carte de France (en cours d'exécution). — Échelle : 1/600 000, d'après les cartes de l'état-major à 1/80 000 et à 1/320 000. — Cette carte, dont le méridien principal est à la longitude orientale 2°,30 de Paris, aura 9 grandes feuilles subdivisées chacune en 9 petites. La partie exposée comprend 6 de ces petites feuilles. La carte entière s'étendra à l'est et représentera presque toute l'Europe occidentale. — Gravure sur cuivre. — Tirage direct sur les cuivres. — Impression en noir. — Figuré du terrain en hachures.

Nivellement général de la France, 1^m,22 sur 1^m,18. Échelle : 1/800 000. — Carte établie à l'aide des courbes horizontales des minutes à 1/40 000 de la grande carte de l'état-major. — Cette œuvre, qui est en cours d'exécution, sera continuée jusqu'au cadre qui la limite et comprendra le nivellement général d'une partie des contrées limitrophes. — Elle a été dessinée par M. de Fay, dessinateur au Dépôt de la Guerre.—Elle est gravée sur pierre et tirée directement en 3 couleurs au moyen de 3 pierres. — Les courbes de niveau sont de 100^m en 100^m.—Cette carte est destinée à remplacer celle qui a figuré sous le même titre à l'exposition du Congrès international de géographie en 1875, et qui avait été exécutée par amplification et au moyen de la photo-lithographie, d'après une minute manuscrite à l'échelle de 1/1 600 000.

Carte du département de la Seine, 0^m,76 sur 0^m,98. — Échelle : 1/80 000. — Extraite de la carte de France à 1/80 000. — Gravure sur pierre. — Tirage direct sur les pierres. — 4 couleurs, 4 tirages. — Sans figuré de terrain.

Environs de Nemours, 0^m,35 sur 0^m,42. — Échelle : 1/20 000. — Levé sur le terrain par M. Derrien , capitaine d'état-major. — Gravée sur pierre et imprimée par report. — 5 couleurs, 5 tirages. — Montagne exprimée par des courbes de niveau de 10^m en 10^m.

Besançon, 0^m,20 sur 0^m,32. — Échelle : 1/200 000. — Réduction de la feuille de Besançon de la carte de France à 1/80 000. — Spécimen de reproduction de la carte de France à petite échelle. — Réduction photographique. — Gravure sur pierre. — Tirage sur les pierres. — 4 couleurs, 4 tirages. — Sans figuré du terrain. — L'intérêt de cette carte consiste dans l'emploi d'épreuves photographiques, tirées directement sur 4 pierres à l'aide du même cliché ; ce qui constitue, pour le graveur, des faux décalques identiques et assure, par conséquent, le repérage des couleurs d'une manière absolue.

Medeah, 0^m,25 sur 0^m,40. — Échelle : 1/80 000. — Levés réguliers de la carte d'Algérie, par les officiers d'état-major. — Feuille spécimen de la future carte de l'Algérie. — Gravure sur pierre. — Tirage direct. — 3 couleurs, 3 tirages. — Courbes de niveau à l'équidistance de 20^m. — Les levés réguliers relatifs à la carte régulière de l'Algérie à 1/80 000, commencés en 1867, ont été interrompus en 1870 et n'ont pas été repris depuis. — 5 feuilles ont été levées sur le terrain de 1867 à 1870. — La feuille de Medeah est la seule qui jusqu'à présent ait été gravée et publiée.

Tableau des teintes conventionnelles employées au Dépôt de la Guerre. — Le noir a été gravé sur cuivre et reporté sur pierre. — Les teintes ont été obtenues par le procédé chromo-lithographique en usage au Dépôt de la Guerre hollandais (procédé Eckstein, gravure sur pierre au moyen des acides). — Ce tableau comporte toutes les teintes topographiques que l'on peut obtenir par la combinaison deux à deux des 3 couleurs fondamentales, bleu, rouge et jaune. — L'impression exige 4 tirages en comptant le noir. — Ces tirages ont été faits sur des reports des pierres mères.

Réunion par la galvanoplastie de fractions de planches contiguës de la carte de France à 1/80 000. — Dans la division en feuilles de la grande carte de France, certaines villes importantes se trouvent placées, soit sur le cadre ou très-près du cadre, soit dans un angle de la feuille. Il en résulte que pour avoir les environs de cette ville on est obligé de réunir 2 ou 4 feuilles. Le Dépôt de la Guerre a créé, pour ce cas particulier, au moyen de la galvanoplastie, des planches nouvelles composées de moitiés ou de quarts de planches contiguës et sur lesquelles les villes dont il s'agit occupent une position centrale par rapport au cadre. Ces reproductions galvanoplastiques portent le nom de la planche mère principale, marquée du signe *bis*, et ont la même valeur que celle-ci au point de vue de la gravure et de l'exactitude topographique. La planche qui figure à l'Exposition a été créée d'après ce procédé. Elle se compose de la moitié orientale de la feuille de Beaugency et de la moitié occidentale de celle d'Orléans. On a réuni sous le même titre : 1° le relief galvanoplastique formé de deux portions réunies ; 2° la planche reproduite en creux et complétement terminée ; 3° l'épreuve définitive.

Correction des cuivres, procédé Georges. — Le cadre comprend :

1° Une épreuve du cuivre avant correction indiquant en rouge les additions, en jaune les effaçures ;

2° Le cuivre en cours de correction ; dans certaines parties, on a creusé le métal pour faire disparaître les traits de gravure annulés par la correction ; dans d'autres le cuivre a été déposé dans les sillons ; ailleurs on a gratté le bourrelet en excédant pour pouvoir procéder à la gravure des additions ;

3° Le cuivre complétement corrigé ;

4° Une épreuve du cuivre après correction.

Relief d'après la feuille n° 5 de la carte **du département de la Seine**, à 1/40 000, 0ᵐ,46 sur 0ᵐ,34. — Les hauteurs ont été triplées. — Le moule en creux exposé à côté du relief a été exécuté en cuivre par les procédés galvanoplastiques, et on y a gravé les principales lignes de la planimétrie et quelques écritures. L'encrage se fait par les moyens ordinaires de la taille-douce. — Le plâtre déposé dans le moule prend l'encre et en sort tout imprimé.

Relief du champ de tir de Nîmes, 1ᵐ,07 sur 0ᵐ,30. — Même échelle pour les bases et pour les hauteurs. — Ce relief a été établi par M. Varin d'Ainvelle, lieutenant au 19ᵉ d'artillerie, au moyen d'un instrument spécial dérivé du pantographe et qui permet, à l'aide d'un dessin planimétrique sur lequel sont tracées les courbes de niveau, la reproduction exacte des formes du terrain.

Reproduction de cartes par l'impression typographique ; 2 couleurs.

Sous ce titre on a exposé :

1° Un cliché typographique exécuté d'après une épreuve à report d'une feuille de la carte de France à 1/80 000 ;

2° Un cliché typographique indiquant seulement les voies de communication carrossables de la même feuille et la population de tous les chefs-lieux de commune ;

3° Une épreuve obtenue par le repérage de ces deux clichés, encrés le premier en noir, le second en rouge.

Essai de zincographie :

1° Report sur zinc de 2 feuilles de la carte du département de la Seine, à 1/20 000, gravure sur cuivre ;

2° Épreuve correspondante.

DÉPOT DE LA MARINE [1]

13, rue de l'Université.

1° Spécimens de cartes et de plans.

4 Cartes ou plans de la côte de Terre-Neuve, levés par M. le vice-amiral Cloué.

Carte de la basse Seine, par M. Estignard, ingénieur hydrographe (reconnaissance hydrographique de 1875).

Carte-index des publications de la côte nord de France, revisée par MM. Estignard, E. Ploix, Germain, Héraud, ingénieurs hydrographes, etc.

Carte, plan et carte-index des publications de la côte de l'Algérie levée par M. E. Mouchez, capitaine de vaisseau.

Plans des îles Marquises, levés par M. Pierre, capitaine de vaisseau.

Carte-index des publications de la côte ouest de France revisée par MM. Bouquet de la Grye, Manen, ingénieurs hydrographes.

Plan de Saint-Sébastien, levé par M. Bouquet de la Grye, ingénieur hydrographe.

Carte-index des publications de la Nouvelle-Calédonie levée par MM. Bouquet de la Grye, Chambeyron et Banaré.

Carte particulière de la Nouvelle-Calédonie, par M. Chambeyron, capitaine de frégate.

Carte générale, plan et carte-index des publications de la Guadeloupe levée par MM. E. Ploix, ingénieur hydrographe, et Caspari, sous-ingénieur.

Carte-index des publications de la côte sud de France revisée par MM. Germain, ingénieur hydrographe, Hatt, Hanusse, Bouillet, sous-ingénieurs.

Carte du golfe de Foz et de la côte de la Camargue levée par MM. Germain, ingénieur hydrographe, Hanusse et Bouillet, sous-ingénieurs.

Carte générale du Tonkin levée par MM. Héraud, ingénieur hydrographe, et Bouillet, sous-ingénieur.

Carte particulière de Taïti, par M. Le Clerc, capitaine de frégate.

Carte particulière du Japon, par M. Banaré, capitaine de frégate.

Carte de l'intensité et de la direction des vents dans l'océan Atlantique nord, pendant les mois de juillet, août, septembre, par M. L. Brault, lieutenant de vaisseau.

2° Atlas.

Cartes et plans de la côte de Terre-Neuve, levés par M. le vice-amiral Cloué.

Cartes et plans de la côte de Taïti levés par MM. Gaussin, ingénieur hydrographe, Bovis, Pierre, Le Clerc, etc., officiers de la marine française.

Révision des côtes de France exécutée sous la direction de MM. Estignard, Bouquet de la Grye, Manen, Germain, ingénieurs hydrographes.

Reconnaissance hydrographique des côtes de l'Algérie et de Tripoli, par M. Mouchez, capitaine de vaisseau. (Minutes et publications.)

Cartes et plans de la Nouvelle-Calédonie levés par MM. Bouquet de la Grye, Chambeyron, Banaré.

Reconnaissance hydrographique de la Rochelle, par M. Bouquet de la Grye, ingénieur hydrographe. (Minutes.)

Reconnaissance hydrographique de Saint-Jean-de-Luz, par M. Bouquet de la Grye, ingénieur hydrographe. (Minutes.)

Reconnaissance hydrographique de la Gironde, par M. Manen, ingénieur hydrographe. (Minutes et publications.)

Reconnaissance hydrographique de la Guadeloupe, par MM. E. Ploix, ingénieur hydrographe, et Caspari, sous-ingénieur.

Reconnaissance hydrographique de Boulogne, par MM. E Ploix, ingénieur hydrographe, et Bouillet, sous-ingénieur. (Minutes.)

Reconnaissance hydrographique du Tonkin, par MM. Héraud, ingénieur hydrographe, et Bouillet, sous-ingénieur.

Cartes et plans de la côte du Japon levés par M. Banaré, capitaine de frégate.

Travaux hydrographiques de divers officiers et ingénieurs de la marine.

Météorologie nautique ; cartes de la direction et de l'intensité des vents dans l'océan Atlantique, par M. Brault, lieutenant de vaisseau.

3o **Mémoires et instructions nautiques.**

Pilote de Terre-Neuve, par M. le vice-amiral Cloué.

Annuaire des marées des côtes de France pour 1878-1879, par M. Gaussin, ingénieur hydrographe.

Études sur le régime des côtes, rapports des ingénieurs hydrographes.

Pilote des côtes nord de France, par M. Estignard, ingénieur hydrographe.

Pilote du Brésil et de la Plata, par M. Mouchez, capitaine de vaisseau.

Pilote de la mer des Antilles et du golfe du Mexique, par M. Sallot des Noyers, capitaine de vaisseau.

Recherches chronométriques publiées par le service des instruments.

Météorologie nautique, par M. C. Ploix, ingénieur hydrographe.

Pilote des côtes ouest de France, par M. Bouquet de la Grye, ingénieur hydrographe.

Pilotes des Antilles, des côtes occidentales d'Afrique, de la mer du Nord, des mers de Chine, publiés par M. Le Gras, chef du service des instructions.

Phares des mers du globe, par M. Le Gras.

Annales hydrographiques (1868-1878), publiées par M. Le Gras, chef du service des instructions.

Pilote de la Nouvelle-Calédonie, par M. Chambeyron, capitaine de frégate.

Pilote de la Guadeloupe, par M. E. Ploix, ingénieur hydrographe.

Pilote des côtes nord de France, par M. Thomassin, capitaine de frégate.

Pilote des côtes sud de France, par M. Germain, ingénieur hydrographe.

Annuaire des marées de Cochinchine (1873 à 1878), par M. Héraud, ingénieur hydrographe.

DÉPOT DES FORTIFICATIONS [7]

84, rue Saint-Dominique-Saint-Germain.

1° Brigade topographique.

BA. — **Carte navale du golfe de Spezzia**, à l'échelle du 1/5 000. — L'un des premiers exemples de cartes à courbes de niveau rigoureusement levées. — Levée de 1809 à 1811, et dessinée par le capitaine du génie Clerc, le créateur, en France, des méthodes des levés à grande échelle.— La montagne est dessinée par des courbes de niveau ; elle est, en outre, modelée par des teintes à l'encre de Chine, dans l'hypothèse d'une lumière oblique artistique (les teintes les plus claires sur les surfaces perpendiculaires au rayon lumineux). — Les minutes de cette carte ont été levées au 1/1 000, et sont dans les archives du Dépôt des Fortifications.

BB. — **Les positions entre la Vésubie et la Roya** (22 kil. sur 12 kil.), au 1/20 000. — Minute du lever exécuté sur le terrain par le capitaine du génie Wagner, avec la petite planchette de déclinaison et l'alidade nivelatrice.—Levée et dessinée par le capitaine Wagner.— Manuscrite.— La montagne est définie par des courbes horizontales auxquelles on a superposé un modelé à l'effet, fait au lavis à l'encre de Chine, dans l'hypothèse d'une lumière oblique artistique (les surfaces les moins teintées sont celles qui sont perpendiculaires au rayon lumineux).

BC. — **Minute d'un lever** à 1/1 000 ; **Environs de Toulon,** 1^m sur 0^m,60. — Lever exécuté par l'un des adjoints du génie de la brigade topographique, et faisant partie des levers exécutés à la même échelle aux environs de Toulon, sur les diverses positions à fortifier. — Dessinée par l'adjoint du génie qui a fait le lever. — Carte manuscrite. — Le figuré du terrain est exprimé à l'aide de courbes de niveau tracées de mètre en mètre. — Ces courbes ont été levées point par point. — Lever exécuté avec la boussole autoréductive et le stadiomètre. — Travail d'une précision remarquable.

BD. — **Minute d'un lever à l'échelle du** 1/2 000 ; **Environs de Nice,** 1^m sur 0^m,60. — Lever exécuté par l'un des adjoints du génie de la brigade topographique, et faisant partie des levers exécutés aux échelles de 1/2 000 et 1/5 000 aux environs de Nice pour l'étude des ouvrages de fortification à construire autour de cette place. — Dessinée par l'adjoint du génie qui a fait le lever. — Carte manuscrite. — Le figuré du terrain est donné par des courbes de niveau levées directement. — Lever exécuté avec la boussole autoréductive et le stadiomètre. — Travail de grande précision.

BE. BE. — **Deux minutes de lever** à 1/10 000 **des Environs de Toul.** — Triangulation calculée à l'aide des données fournies par le registre d'observations géodésiques du Dépôt de la Guerre. — Planimétrie fournie en partie par les plans parcellaires du cadastre réduits par la photographie à l'échelle du lever et assemblés à l'aide de cheminements exécutés à la boussole entre les sommets de la triangulation. — Altitudes rattachées aux rondelles du nivellement général de la France. — Levées et dessinées par deux adjoints du génie de la brigade topographique. — Carte manuscrite. — Figuré du terrain donné par des sections horizontales espacées de 5 mètres. — Quelques-unes de ces courbes ont été déterminées point par point sur le terrain. — Ces levers s'exécutent à l'aide de la petite planchette munie du déclinatoire et de l'alidade nivelatrice.

BF. BF. — **Réductions des levers** à 1/10 000 ; deux feuilles : **Toul et Langres,** 1^m sur 0^m,60. — Exécutées à l'aide des minutes du lever. — Font partie des plans directeurs des places de Toul et de Langres, comprenant, le premier 20, et le second 12 feuilles semblables. — Cartes manuscrites, dessinées par les dessinateurs de la brigade topographique. — Le relief du terrain est défini par des courbes de niveau espacées de 5 mètres. — Il est fait deux réductions semblables des levers : l'un pour le Dépôt des Fortifications, l'autre pour la place intéressée.

BG. BG. — **Reproduction photo-zincographique des levers** à 1/10 000 ; deux cartes : **Toul et Dijon,** 1^m sur 0^m,80. — D'après les minutes des levers. — Font partie des plans directeurs des places de Toul et Dijon, chacun en 17 feuilles de 0^m,17 sur 0^m,50. — Dessinées par les dessinateurs de la brigade topographique. — Les minutes du lever, au fur et à mesure de leur achèvement, sont calquées suivant le format adopté pour le tirage. Ces calques sont photographiés et les clichés reportés, par le procédé au bitume de Judée, sur plaques minces de zinc qui servent directement au tirage lithographique. — Les teintes de cultures sont passées au patron et à la brosse. — Le relief du terrain est exprimé à l'aide de courbes de niveau espacées de 5 mètres. — Le tirage s'exécute à l'atelier du Dépôt des Fortifications, sous la direction du commandant de la brigade topographique. — On s'est surtout attaché à livrer promptement à un certain nombre d'exemplaires des documents dont l'artillerie et le génie ont un besoin urgent pour leurs études de défense.

BH.— Réduction photo-zincographique à 1/20 000 des levers à 1/10 000; **Verdun**, 0^m,80 sur 1^m. — D'après les minutes du lever.—Fait partie du plan à 1/20 000 des environs de Verdun, en 16 feuilles de 0^m,40 sur 0^m,50.—Carte dessinée à 1/10 000 par les dessinateurs de la brigade. — Les calques qui ont servi à la reproduction à 1/10 000, sont réduits de nouveau par la photographie à l'échelle de 1/20 000, et les clichés sont reportés directement par le procédé dit « au bitume de Judée » sur la plaque de zinc qui sert au tirage définitif. — La carte exposée est tirée en noir.— Le temps a manqué pour donner un spécimen du type définitif qui figurera les courbes en brun, les cours d'eau en bleu, les maisons en rouge, le reste en noir. A cet effet on fera autant de clichés et autant de reports sur zinc que de couleurs. Les teintes de cultures sont appliquées au pinceau et à la brosse. — Le relief du terrain est défini par des sections horizontales espacées de 5 mètres. — L'échelle de 1/20 000 est plus commode que celle de 1/10 000 pour les études d'ensemble; d'où la nécessité de cette seconde édition.

BI. — Lavis à l'effet, en lumière oblique, des environs du Saint-Gothard (35 kil. sur 24 kil.), au 1/50 000. — Reproduction gravée des minutes des officiers de l'état-major suisse. — La carte comprend, assemblées, 4 des feuilles au 1/50 000 éditées par le bureau de l'état-major fédéral. — Le lavis à l'effet a été exécuté par le capitaine du génie Petitbon, d'après la méthode géométrique du lieutenant-colonel du génie Goulier. — La carte est gravée sur pierre et imprimée en couleurs (noir, bleu, brun). Le lavis a été fait avec de la sépia, de l'encre de Chine, du bleu de Prusse, de la terre de Sienne calcinée et de l'indigo. — La montagne est définie par des courbes de niveau et modelée par des teintes en lumière oblique topographique, d'après la méthode géométrique du lieutenant-colonel du génie Goulier. Il est bon de faire remarquer que les teintes expriment, comme la carte gravée, les surfaces couvertes de terre végétale, les surfaces rocheuses et les glaciers.

BL. — Lumière oblique topographique : carte manuscrite des environs de Toulon, exécutée par l'un des dessinateurs de la brigade topographique, d'après la méthode indiquée par M. le commandant de La Noë, pour teinter les cartes dans l'hypothèse de la lumière oblique. — Un extrait de la carte du Dépôt de la Guerre et la photographie d'un relief du même terrain éclairé obliquement permettent de comparer, d'une part,

— 35 —

les résultats obtenus suivant qu'on adopte l'hypothèse de la lumière
oblique ou celle des teintes proportionnelles aux pentes, et, d'autre part,
la conformité de la carte manuscrite avec l'effet naturel. — Diverses figures géométriques développent le principe de la méthode.

2° Reliefs des places fortes.

Galerie des plans-reliefs.

GA. — **Front polygonal en site aquatique avec ravelin. Appliqué.
Type d'Anvers 1860**, 1ᵐ,11 sur 0ᵐ,51.

GB. — **Front de Kœnigsberg**, 0ᵐ,92 sur 0ᵐ51. 1 millimètre pour mètre
(1/1 000) pour les deux dimensions horizontale et verticale; surmoulage en staff (plâtre et toile) par M. Girard, mouleur, de modèles en
plâtre exécutés à l'aide d'une machine-outil par MM. Perrier-Berche
et Pequegnot, topographes à la galerie des plans-reliefs des places
fortes. — Décoration par M. Frid, topographe, sous la direction de
M. Le Beurriée, lieutenant-colonel du génie en retraite, conservateur
de la galerie. — Exécuté d'après les documents existant au Dépôt des
Fortifications, en plâtre et toile.

GC. — **Fort demi-permanent de Civita-Vecchia** (camp retranché de
Vérone, Lombardie vénitienne), 0ᵐ,80 sur 0ᵐ,55. 2 millimètres par
mètre (1/500), pour les bases et les hauteurs. — Surmoulage en staff,
par M. Girard, mouleur, d'un modèle en plâtre exécuté à l'aide d'une
machine-outil par MM. Perrier-Berche et Pequegnot, topographes, et
Berlin, modeleur à la galerie des plans-reliefs des places fortes. —
Décoration par M. Frid, topographe, sous la direction de M. Le Beurriée,
lieutenant-colonel du génie en retraite, conservateur de la galerie. —
Exécuté d'après les documents existant au Dépôt des Fortifications, en
plâtre et toile.

GD. — **Fort détaché de l'enceinte d'Anvers**, 0ᵐ,85 sur 0ᵐ,70. 1 millimètre par mètre (1/1 000) pour les bases et les hauteurs. — Modèle
en plâtre exécuté à l'aide d'une machine-outil, à la galerie des plans
reliefs, par MM. Perrier-Berche, Pequegnot, topographes, et Berlin,
modeleur, sous la direction de M. Le Beurriée, lieutenant-colonel du
génie en retraite, conservateur de la galerie, et d'après les documents
existant au Dépôt des Fortifications.

GE. — **Relief de terrain des environs de Dijon**. 0ᵐ,40 sur 0ᵐ,40. —
Relief à gradins. — 1/10 000 pour les bases et les hauteurs. — Découpé
dans un gâteau de plâtre à l'aide d'une machine-outil à la galerie des
plans-reliefs par MM. Perrier-Berche et Pequegnot, topographes, sous la
direction de M. Le Beurriée, lieutenant-colonel du génie en retraite,
conservateur de la galerie, et d'après les levers de la brigade topographique.

FG. — Relief de terrain des environs de Dijon, 0^m,40 sur 0^m,40. — Relief à surfaces continues, le même que celui à gradins GE. — 1/10 000 pour les bases et les hauteurs. — Découpé dans un gâteau de plâtre à l'aide d'une machine-outil, à la galerie des plans-reliefs, par MM. Perrier-Berche et Pequegnot, topographes, et M. Berlin, modeleur. — Report direct sur le relief, au moyen d'un instrument particulier, des détails de chemins suivis sur la carte par cet instrument. — Tracés et décoration par M. Frid, topographe, sous la direction de M. Le Beurriée, lieutenant-colonel du génie en retraite, conservateur de la galerie, et d'après les levers de la brigade topographique.

GH. — Modèle d'un stand ou champ de tir à trois créneaux de 200 mètres de portée, 1^m,15 sur 0^m,19. 5 millimètres par mètre (1/200) pour les bases et les hauteurs. — Exécuté en bois, à la main, à la galerie des plans-reliefs, par M. Lalouette, modeleur principal, décoré par M. Frid, topographe, sous la direction de M. Le Beurriée, lieutenant-colonel du génie en retraite, conservateur de la galerie, et d'après une étude sur le stand de M. le général du génie Teissier.

3° Portion centrale.

ABC. — Carte de la France, à l'échelle de 1/500 000, dressée au Dépôt des Fortifications (chaque feuille ayant 0^m,511 sur 0^m,682), d'après la carte au 1/80 000 du Dépôt de la Guerre et les atlas topographiques à diverses échelles des pays limitrophes, et d'après divers documents spéciaux tels que : carte au 1/200 000 d'Espagne par le colonel Coello, carte de Suisse de l'Alpine-Club (pour le Piémont), travaux divers des Clubs alpins, travaux inédits de MM. Schrader, Lequeutre, Wallon, etc. (pour les Pyrénées), carte hypsométrique de l'Europe centrale de Papen, atlas et cartes de l'institut de Gotha, etc. — La carte se compose de quinze feuilles, dont une de titre ; elle représente non-seulement la France, mais tous les territoires limitrophes jusqu'au cadre. — Elle a été dessinée par les adjoints du génie et dessinateurs du Dépôt, avec l'aide de M. Dumas-Vorzet, géographe, sous la direction du capitaine du génie Prudent, qui a dessiné lui-même les minutes d'orographie. — Elle est gravée sur pierre par Erhard ; toutefois l'orographie, pour les feuilles en cours d'exécution, est gravée par les procédés héliographiques sur des dessins à la plume. Les exemplaires exposés sont imprimés à bras. — Le tirage pour les éditions de vente se fait par report en 4 couleurs à l'aide de 4 tirages. — Pour la montagne, le dessin de la minute est établi sur un canevas de courbes de 100 en 100 mètres gravées à l'avance sur une pierre à part ; l'orographie est ensuite traduite en hachures.

La carte est publiée sous trois formes :

(A). Carte complète avec les eaux, les localités, les voies de communication, les limites, les bois et l'orographie en hachures.

(B). Carte routière renfermant les mêmes éléments que la précédente, mais avec l'orographie représentée seulement par les courbes de niveau de 100 en 100 mètres, qui ont servi à dessiner les minutes d'orographie.

(C). Carte oro-hydrographique, où on a supprimé les localités et les voies de communication, pour mieux faire voir le relief du terrain.—Le premier de ces types est exposé sur châssis sous la lettre A, les quinze feuilles étant imprimées dans leur état actuel d'avancement. — On a donné comme spécimens pour les lettres B et C une feuille de chacun des autres types. — En outre, les trois types de la carte sont exposés en atlas sur la tablette.

D. — Carte de France à 1/500 000, dressée au Dépôt des Fortifications.
Nota. — Le Dépôt des Fortifications se propose de publier la carte à 1/500 000 par quarts de feuille, ce qui donnera un format plus commode et d'une lecture plus facile. On pourra du reste à volonté réunir les quatre quarts de chaque feuille par le collage sur toile en grand ou petit format.

E. — Carte de France au 1/500 000, dressée au Dépôt des Fortifications; spécimen des minutes d'orographie dessinées par le capitaine du génie Prudent.

F. — Transcription du même dessin en hachures, par M. Dumas-Vorzet, dessinateur géographe.

G. — Reproduction du dessin F, en héliogravure, par M. Dujardin. — Le système adopté est le système mixte de la carte à 1/100 000 de la Suisse, faite sous la direction du général Dufour : il consiste à adopter la lumière oblique pour les parties montagneuses et la lumière verticale pour les pays de plaine.

H. — Essai d'une carte hypsométrique de la France, $2^m,05$ sur $2^m,55$, au 1/500 000, à l'aide des courbes de niveau de 100 en 100 mètres de la carte au 1/500 000 publiée par le Dépôt des Fortifications. — La carte a été dessinée par les adjoints du génie et les dessinateurs du Dépôt des Fortifications, sous la direction du capitaine du génie Prudent. Elle est manuscrite. — On a adopté pour les teintes d'hypsométrie un système préconisé par le colonel du génie Goulier et employé également en Autriche. Il consiste à adopter des teintes jaunes pour les parties basses du terrain, des teintes vertes pour les parties moyennes, et des teintes brunes pour les parties élevées, en graduant ces teintes d'un bout à l'autre de l'échelle, de manière que le ton général augmente d'intensité avec l'altitude. La transition du jaune au vert a lieu à l'altitude de 500 mètres, celle du vert au brun à l'altitude de 1 000 mètres. Les glaciers, dans leur forme réelle, sont réservés en blanc.

DOCUMENTS STATISTIQUES

Chambres de Commerce [66]

Chambre de commerce d'Alger : Exposé de ses travaux de 1864 à 1875 ;
1 vol.

Chambre de commerce de Besançon : Compte rendu annuel de ses travaux, années 1869-1876 ; 8 vol.

Chambre de commerce de Bordeaux : Compte rendu de ses travaux, années 1867-1877 ; 6 vol.

Chambre de commerce de Caen : Compte rendu annuel de ses travaux, années 1873-1876 ; 4 vol.

Chambre de commerce de Cherbourg : Compte rendu annuel de ses travaux, années 1869-1876 ; 8 vol.

Chambre de commerce de Douai : Compte rendu de ses travaux, années 1872-1874 ; 3 vol.

Chambre de commerce de Dunkerque : Compte rendu annuel de ses travaux, années 1871-1875 ; 6 vol.

Chambre de commerce d'Elbeuf : Compte rendu de ses travaux de 1866 à 1869, 1872 à 1873, 1876 : 4 vol. — Notice manuscrite sur l'industrie elbeuvienne de 1867 à 1878.

Chambre de commerce de Fécamp : Compte rendu annuel de ses travaux, années 1872-1876 ; 5 vol.

Chambre de commerce du Havre : Compte rendu annuel de ses travaux, années 1868-1876 : 9 vol.

Chambre de commerce de Lyon : Compte rendu annuel de ses travaux, années 1869-1876 : 8 vol.

Chambre de commerce de Marseille : Compte rendu annuel de ses travaux, années 1867-1877 : 10 vol.

Chambre de commerce de Nantes : Compte rendu annuel de ses travaux, années 1858-1876 : 9 vol.

Chambre de commerce d'Oran : Compte rendu de ses travaux de 1866 à 1874 : 2 vol.

Chambre de commerce d'Orléans : Compte rendu annuel de ses travaux, années 1871-1876 : 6 vol.

Chambre de commerce de Saint-Omer : Exposé de ses travaux, années 1874 et 1876 : 2 vol.

Chambre de commerce de Saint-Quentin : Statistique des industries du département de l'Aisne ; 1 vol.

Chambre de commerce de Valenciennes et Avesnes : Compte rendu annuel de ses travaux, années 1874-1876 ; 3 vol.

Ministère de l'Agriculture et du Commerce [58]

Statistique de la France, 2ᵐᵉ série; 5 vol. in-folio :
Tome XVII. Résultats généraux du dénombrement de 1866.
Tome XVIII. Mouvement de la population de la France pendant les années 1861 à 1865.
Tome XIX. Industrie; résultats généraux de l'enquête effectuée dans les années 1861 à 1865.
Tome XX. Mouvement de la population de la France pendant les années 1866, 1867, 1868.
Tome XXI. Résultats généraux du dénombrement de 1872.

Statistique de la France, 3ᵉ série (statistiques annuelles) ; 4 vol. in-folio :
Tome I. Statistique générale annuelle de 1869, 1870, 1871.
Tome II. Statistique générale annuelle de 1872.
Tome III. Statistique générale annuelle de 1873.
Tome IV. Statistique générale annuelle de 1874.

Statistique agricole de la France, d'après l'enquête décennale de 1862 ; 1 vol. in-8°.

Résultats généraux du dénombrement de 1872; 1 vol. in-8°.

Statistique sommaire des industries principales en 1873; 1 vol. in-8°.

Statistique agricole internationale en 1873; 1 vol. in-8°, **avec cartes.**

Annuaire statistique de la France, ou Résumé des statistiques françaises; 1 vol. in-8°.

Tableau comprenant 16 cartes chromo-lithographiques, destinées à faire connaître la proportion de la production industrielle des divers départements.

Ministère de la Justice [59]

Comptes rendus de la justice criminelle, années 1866-1875 ; 10 vol. in-4°.

Comptes rendus de la justice civile, années 1866-1875 ; 10 vol. in-4°.

Statistique internationale de la justice civile et commerciale, publiée en 1876 ; 1 vol. in-4°.

Ministère de la Marine [60]

Notices statistiques sur les colonies françaises : géographie, histoire, statistique depuis l'époque de la découverte jusqu'à l'année 1837 inclusivement; 4 vol. in-8°.

Notices statistiques : population, cultures, commerce et navigation des colonies françaises, de l'année 1838 à l'année 1875; 16 vol. in-8°.

Notice sur les colonies françaises en 1858 : histoire, commerce, productions, par M. E. Roy, secrétaire du Directeur des colonies; 1 vol. in-8°, avec gravures.

Notice sur la transportation à la Guyane et à la Nouvelle-Calédonie de 1865 à 1875; 4 vol. in-8°.

Notice sur la déportation à la Nouvelle-Calédonie de 1874 à 1876; 3 vol. in-8 .

Rapport sur l'administration de la justice dans les colonies françaises de 1850 à 1867; 3 vol. in-8°.

Compte rendu de l'administration de la justice dans les colonies françaises pendant les années 1834-1836 et 1838-1839; 2 vol. in-8°.

Ministère de l'Instruction publique [61]

Statistique de l'enseignement primaire en 1876; 1 vol. gr. in-4°.

Statistique de l'enseignement secondaire en 1876; 1 vol. gr. in-4°.

Statistique de l'enseignement supérieur en 1876; 1 vol. gr. in-4°.

Ministère de l'Intérieur [62]

Statistique des prisons et établissements pénitentiaires, pendant les années 1852-1874; 11 vol. in-8°.

Statistique médicale des maisons centrales, 1850-1866; 3 vol. in-8°.

Enquête sur les bureaux de bienfaisance, année 1874; 1 vol. gr. in-8°.

Situation des monts-de-piété en France, année 1876; 1 vol. gr. in-8°.

Dénombrement de la population en France, 1867-1872-1876; 1 vol. in-8°.

Vœux des conseils généraux des départements, années 1868-1876; 3 vol. in-8°.

> *Voir* plus loin : Ministère de l'intérieur [19] pour l'exposition spéciale des cartes du service vicinal; le Ministère de l'intérieur a, en outre, un pavillon particulier dans la partie annexe de la section française, côté de l'École militaire, près de la porte de Tourville.

Ministère des Finances [63]

Bulletin de statistique et législation, années 1877 et 1878; 2 vol. in-8°.

Compte rendu des manufactures de tabac, de 1867 à 1872; 1 vol. in-4°.

Tableau général du cabotage en France, de 1867 à 1877 ; 2 vol. in-4o.

Tableau général du commerce intérieur de la France, années 1867 à 1876 ; 10 vol. in-4o.

Tableau de la navigation intérieure en France, de 1867 à 1876 ; 2 vol. in-4o.

Tableau général des engagements du Trésor ; 1 vol. gr. in-8o.

Tableau général des propriétés de l'État affectées à des services publics, 1875 ; 1 vol. in-4o.

Tableau général des propriétés de l'État non affectées à des services publics, 1875 et 1876 ; 2 vol. in-4o.

Ministère des Travaux publics [64]

Livres. — **Chemins de fer de l'Europe**, résultats généraux de l'exploitation, années 1864, 1865 et 1866 ; 1 vol. in-4°.

Chemins de fer français, documents relatifs aux années 1866, 1867, 1868 ; 3 vol. grand in-4°.

Documents financiers sur les chemins de fer français, année 1868 ; grand in-4°.

Documents statistiques sur les chemins de fer, 1868 ; 1 vol. grand in-4°.

Documents statistiques sur les routes et ponts, 1873 ; 1 vol. grand in-4°.

Répertoire méthodique de la législation des chemins de fer, indiquant les dispositions législatives et réglementaires insérées au Bulletin des lois ; 1 vol. in-4°.

Statistique centrale des chemins de fer français, années 1870-1876 ; 7 vol. in-4°.

Cartes. — **Carte des chemins de fer d'intérêt local**, 1m sur 0m,80. Échelle : 1/1 250 000. Environs de Paris : 1/500 000.

Carte figurative du tonnage des chemins de fer de la France, en 1876.

Carte figurative du tonnage des routes nationales de la France, en 1876.

Carte figurative du tonnage des rivières, canaux et ports de la France, en 1876.

Carte de la navigation intérieure de la France, 1878.

Carte générale des chemins de fer français. Échelle : 1/1 250 000.

Cartes des départements de la Nièvre et de la Haute-Garonne, extraites de l'atlas des irrigations, 0ᵐ,90 sur 0ᵐ,90.

Carte des routes nationales de la France.

Le Ministère des Travaux publics a, en outre, une exposition spéciale dans un pavillon situé dans les annexes du Champ-de-Mars, côté du pont d'Iéna, près de la porte de la Seine.

Ville de Paris [65]

Statistique municipale, 1865 à 1876; 11 vol. in-4°.

DUBIEF [31]

Directeur du collége Sainte-Barbe, à Paris, 2, rue Cujas.

Plan-relief de l'institution de Sainte-Barbe des Champs à Fontenay-aux-Roses, avec une légende indiquant la distribution des différentes parties de l'établissement.

DUPAIGNE [98 *bis*]

Inspecteur de l'instruction primaire, à Paris.

Carte géologique de la France et des pays voisins. Échelle : 1/6 000 000. — **Alpes centrales et Plaine suisse.** Échelle : 1/1 000 000. — **Environs du Mont Dore** par courbes. Échelle : 1/160 000. Cartes extraites du livre intitulé « les Montagnes. »

ÉCOLE SPÉCIALE MILITAIRE [22]

A Saint-Cyr (Seine-et-Oise).

Plan-relief de l'École de Saint-Cyr et de ses environs, 2ᵐ,25 sur 2ᵐ. — Échelles horizontale et verticale : 1/5 000. — Sur 16 blocs de chêne de 0ᵐ,50 sur 0ᵐ,55, on a construit des maquettes *en gradins* au moyen de feuilles de papier dont l'épaisseur (0,0002) correspond à 1ᵐ d'équidistance. Les matériaux employés sont le chêne, le papier, la soie chenillée (bois). Les auteurs de ce relief sont M. Moëssard, professeur, et MM. Renault, Gidoin, Bourdier, Hanriquel, professeurs adjoints de topographie à l'École de Saint-Cyr. La gravure a été faite par M. Erhard. Les maquettes ont été faites par M. Boulnois. Le travail a été exécuté sous la direction de M. Peigné, ancien professeur de topographie à l'École de Saint-Cyr.

ERHARD |32|

Graveur-géographe, 12, rue Duguay-Trouin, à Paris.

Europe en chromo-lithographie (14 couleurs), dressée à l'échelle de 1/4 000 000 et exécutée par M. Erhard, d'après les documents respectifs à chaque pays.

France en chromo-lithographie (14 couleurs), dressée à l'échelle de 1/800 000 et exécutée par M. Erhard, d'après la carte de la Gaule de la Commission topographique instituée au Ministère de l'Instruction publique.

Mexique en chromo-lithographie (12 couleurs), dressée par M. Garcia Cubas, à l'échelle de 1/2 200 000.

Carte topographique de la Marne au 1/200 000, dressée par M. de la Barre-Duparc, ingénieur en chef du département. Cette carte, gravée et imprimée en 5 couleurs, est destinée à être jointe à l'atlas publié par ordre du Conseil général de la Marne, et composé de 30 cartes cantonales à 1/50 000.

Carte du canton d'Étampes, à l'échelle de 1/40 000. Cette carte, gravée en 5 couleurs, a été dressée par M. Dubois, agent voyer en chef, pour servir de type à l'atlas cantonal dont le Conseil général de Seine-et-Oise a décidé l'exécution.

Une feuille de la carte de France à 1/500 000, dressée au Dépôt des Fortifications, sous la direction de M. le capitaine du génie Prudent. La carte entière, gravée et imprimée en 5 couleurs, se compose de 45 feuilles.

Carte du mont Pelvoux, en chromo-lithographie (8 couleurs), à l'échelle de 1/40 000 ; dressée par les officiers de l'état-major, publiée par le Club alpin.

Deux feuilles de la carte de France à l'échelle du 1/100 000. La carte entière, gravée en 4 couleurs, se composera de 274 feuilles. Elle est dressée par les agents du service vicinal, contrôlée et publiée par le Ministère de l'Intérieur.

Carte géologique de la France et de ses mers, dressée par M. Reclus, gravée en 12 couleurs ; publiée dans l'ouvrage ayant pour titre « La Terre. »

Carte des pluies en France, en 2 couleurs ; dressée par M. Reclus ; publiée dans le même ouvrage que la précédente.

Carte du Delta du Nil, dressée par M. Linant de Bellefonds et Mahmoud-Bey, gravée en 5 couleurs, et publiée dans le « Guide en Orient. »

Carte des volcans de la France centrale, dressée par M. Vuillemin, sous la direction de M. Reclus.

Petite carte de France, dite Boussole, en chromo-lithographie (8 couleurs), dressée et exécutée par M. Erhard.

Carte du Lac du Bourget, spécimen en 4 couleurs. La montagne est faite à l'estompe.

Plan de Paris, en 4 couleurs, dressé et exécuté par M. Erhard.

Le Danube de Passau à Vienne et à Pesth (1/1'390 000); **Environs de Vienne** (1/440 000); **Environs de Salzburg** (1/500 000). Ces trois cartes, gravées en 4 couleurs, ont été dressées par M. Vuillemin et publiées dans le « Guide à Vienne. »

Type de lavis des plans, chromo-lithographie en 12 couleurs, dessiné par Firmin.

France ecclésiastique au temps de saint Louis, gravée et imprimée en 7 couleurs.

Annecy et les Beauges, carte dressée par M. Vuillemin, faisant partie des Guides Joanne (1/260 000).

Carte des anciens peuples de l'Italie. Échelle : 1/4 000 000; imprimée en noir et en bistre, dressée par M. Duruy.

Carte de Madagascar, en 7 couleurs, dressée par M. Grandidier. Échelle : 1/6 000 000.

Vue d'ensemble de Lourdes, composition en 10 couleurs, établie d'après un relief.

Fragment de la feuille de Rennes (carte de France en 15 feuilles du Dépôt des Fortifications). — Ce fragment est le résultat d'un double travail. On a d'abord tiré une épreuve du cuivre; on en a fait le report sur une pierre et on en a tiré ensuite l'épreuve du fragment exposé. Cette double opération offre cet intérêt que les corrections à faire à une planche gravée sur cuivre sont, par le transport sur une pierre, rendues plus faciles et moins coûteuses. — La planche de cuivre exposée a été obtenue par le procédé électro-chimique dont M. Erhard est l'inventeur, et pour lequel il a pris un brevet. Ce procédé consiste à transporter sur cuivre une planche gravée sur pierre ou sur acier, sans altérer le travail primitif. Ses avantages sont les suivants : reproduction d'une planche usée par les tirages, ce qui en rend la conservation indéfinie; dépense minime; suppression des frais d'emmagasinage de pierres; aucun dommage apporté à la planche mère.

Carte géologique de Paris et de ses environs. Échelle : 1/150 000, en 10 couleurs, dressée par M. Vuillemin, sous la direction de M. Reclus.

Carte de l'Oberland bernois, gravée et imprimée en 6 couleurs, publiée dans les Guides Joanne.

Plan de Moulins. Échelle : 1/80 000 ; type de gravure en 4 couleurs.

Plan de Lyon. Échelle : 1/80 000, dressé par M. Reclus, dans sa Géographie universelle.

Le Mont Blanc, chromo-lithographie en 12 couleurs, dressée par M. Erhard, d'après le relief de M. Bardin.

Col de Larche ; Carte ancienne ; Les bords du Rhin ; trois cartes tirées de la Géographie universelle de M. Reclus.

Le Mont Blanc. Échelle : 1/112 000, carte en 6 couleurs, dressée par M. Vuillemin, faisant également partie de la Géographie universelle.

EYNAUD DE FAY [23]

Dessinateur géographe au Ministère de la Guerre.

Relief de la France, à 1/320 000, quart N. E., 2^m,10 sur 1^m,70. L'échelle des bases est 1/320 000 ; celle des hauteurs, 1/160 000. La maquette de ce relief a été exécutée en carton, par assises superposées, représentant chacune une hauteur de 100 mètres ; la reproduction est faite en staff. Le travail une fois terminé sera photographié de façon à donner une carte hypsométrique en relief. Les courbes de niveau ont été construites par l'auteur lui-même sur la carte de l'état-major général à 1/320 000 et d'après la carte plus complète à 1/80 000.

FAYARD [94]

Éditeur, 78, boulevard Saint-Michel, à Paris.

France. Échelle : 1/1 111 000 : — **Europe**. Échelle : 1/900,000 ; — **Planisphère**. Échelle : 1/4 000 000 : — **Plan de Paris**. Échelle : 1/15 000. Quatre grandes cartes de 1^m,25 sur 0^m,96, dressées d'après les cartes de l'état-major français, les cartes allemandes, anglaises, suisses, russes, belges, etc., et les plans de la ville de Paris, sous la direction de M. F. de la Brugère. Gravées sur pierre et tirées en report sur une seule feuille, format grand-univers.

Carte agricole, format grand-aigle, dressée par M. Cordier.

Europe centrale des chemins de fer, format colombier.

Europe des chemins de fer, en chromo-lithographie, avec 7 couleurs, format demi-raisin.

Cartes commerciales, 25 cartes sur quart-raisin, en chromo-lithographie, avec 4 et 5 couleurs.

Atlas national, comprenant 125 cartes, format quart-raisin, gravées sur acier par Lacouchy.

Atlas de l'Histoire sainte, par l'abbé Durand, professeur à l'Université catholique de Paris, comprenant 12 cartes en chromo-lithographie, avec 4 et 5 couleurs.

Atlas des plans des grandes villes du monde, contenant 84 plans gravés sur pierre, et tirés en chromo-lithographie avec 4 et 5 couleurs, format demi-raisin.

Atlas des plans des grandes villes de France, dressé par les ingénieurs de chaque ville; 90 plans gravés sur pierre et tirés en 4 et 5 couleurs.

Atlas de poche, contenant tous les départements et les colonies; — **Petit Atlas universel; — Atlas cantonaux,** gravés sur pierre; dressés d'après l'état-major et les cartes étrangères, imprimés en chromo-lithographie, avec 3 et 4 couleurs.

La Nouvelle France pittoresque, in-8° raisin, orné de 300 gravures et de 100 cartes.

Cartes diverses et **livres** de géographie.

FOURNIER [14]
45, rue Saint-Placide, à Paris.

France en relief, exécutée en carton-plâtre. Échelle horizontale : 1/1 000 000; échelle des hauteurs : 1/100 000.

GALLOT [105]
Éditeur à Auxerre (Yonne).

Carte du département de l'Yonne, pour le service de l'instruction publique. $1^m,80$ sur $1^m,85$. Gravée par M. Ehrard sur plusieurs pierres tirées en diverses couleurs.

GARNIER (Ad.) [92]
À Épinal (Vosges).

Carte topographique du département des Vosges, $1^m,17$ sur $1^m,78$. Échelle : 1/80 000. Dressée d'après la carte de l'état-major, revue et complétée par les agents voyers et forestiers, et contrôlée sur place par l'auteur. Le relief du terrain est figuré par courbes d'après des photographies des minutes à 1/40 000 des levers de l'état-major. L'équidistance est de 20^m. Une teinte sépia accuse les mouvements de terrain qui sont éclairés par la lumière oblique. La carte, gravée sur pierre, est tirée en 6 couleurs. — L'orthographe des noms a été étudiée avec soin, et les ouvrages d'art en bois ou en fer dont la destruction serait utile en cas d'invasion, ont été signalés d'une manière particulière.

GAULTIER [4]
Éditeur, 55, quai des Grands-Augustins, à Paris.

Atlas universel de géographie ancienne et moderne, comprenant 44 cartes gravées sur acier; tirées en taille-douce, une impression noire et une rouge. — Formats quart-colombier et demi-colombier.

Atlas des départements de la France, contenant 92 cartes gravées sur acier, tirées en taille-douce en 2 couleurs; impressions noire et rouge. — Format quart-colombier. — La montagne est représentée par des hachures.

Atlas des départements, 92 cartes gravées sur cuivre et tirées en taille-douce. Format colombier.

Carte topographique de la France, gravée sur cuivre, et tirée en taille-douce; 25 feuilles et tableau d'assemblage de format colombier. Échelle : 1/388 800. La montagne est gravée en hachures suivant le mode de la lumière oblique.

Carte de la France et des colonies, gravée sur acier, tirée en taille-douce et en deux couleurs, noire et bistre. Échelle : 1/1 315 000. Le relief du sol est représenté par des hachures. Dessinée par A. Vuillemin.

Planisphère terrestre, gravé sur acier et tiré en taille-douce; format grand-monde. Dessiné par Vuillemin. Il indique l'époque à laquelle les découvertes géographiques ont été faites, et les noms des voyageurs auxquels la science en est redevable. Des cartouches donnent la géographie des points les plus intéressants du globe.

Carte d'Europe, gravée sur acier, tirée en taille-douce, format aigle.

Carte de l'Océanie, gravée sur pierre, tirée directement; format aigle, avec cartouches de la partie S. E. de l'Australie et de la Nouvelle-Calédonie.

Département de l'Aisne, gravé sur pierre, tiré en 2 couleurs, noire et bleue, format aigle. Le relief du sol est représenté par des hachures.

Plans de Paris, dont l'un intitulé « Paris actuel, » gravé sur acier, et les autres tirés en chromo-lithographie.

Nota. Toutes ces cartes font partie de collections de cartes ou d'atlas. L'album exposé contient quelques cartes et des portions de cartes classiques murales, exposées à l'Enseignement primaire, classe 6. M. Gaultier est le successeur de M. Logerot.

GAUTHIER-VILLARS [50]

Éditeur, 55, quai des Grands-Augustins, à Paris.

Atlas de géographie générale, 0m,45 sur 0m,55. — 32 cartes dessinées par MM. Oger et Vuillemin, gravées sur pierre et imprimées en couleurs. Les montagnes sont en hachures.

Atlas géographiques et historiques, de 10 à 18 cartes, suivant les besoins des classes auxquelles ils sont destinés. Impression en couleurs. — Ces atlas et le précédent ont été dressés au point de vue de l'enseignement géographique et historique des lycées et des écoles du Gouvernement.

GIRARD [24]

102, rue Saint-Victor, à Paris.

Plan-relief de Paris, 1ᵐ,32 sur 1ᵐ,24. Échelle horizontale : 1/25 000. — Ce plan est exécuté en staff, c'est-à-dire en un mélange de toile et de plâtre à mouler. Il est dressé d'après la carte de l'état-major.

Plans-reliefs de Grenoble et de Besançon, 0ᵐ,66 sur 0ᵐ,45. Échelle : 1/80 000. Relief en staff. Dressés d'après la carte de l'état-major.

GOURDOUX [115]

25, rue Maubuée, à Paris.

Carte commerciale des chemins de fer, réseaux français et alsaciens-lorrains, indiquant les distances kilométriques entre toutes les gares, 1ᵐ,50 sur 1ᵐ,50. Dressée par MM. Gourdoux père et fils; autographiée; coloriée à la main par réseaux avec une couleur spéciale pour les petites lignes à racheter par l'État. Un répertoire alphabétique et statistique, suivi d'un tableau d'application donnant les taxes kilométriques et le mode de perception pour chaque réseau, est annexé à cette carte.

GUILLEMIN (Eugène et Amédée) [114]

17, rue Séguier, à Paris.

Carte hypsométrique de la France, 1ᵐ,25 sur 1ᵐ,28. Échelle : 1/800 000. Carte manuscrite, dressée d'après la carte de l'état-major. Courbes horizontales de 100 en 100 mètres, un peu renforcées du côté du sud-est pour produire l'effet de la lumière oblique.

Carte topographique de la Lune, 0ᵐ,50 de diamètre. Dessin manuscrit exécuté par M. E. Guillemin, pour l'ouvrage le *Ciel*, par M. A. Guillemin. On a employé pour ce travail la carte de Beer et Maedler et les photographies de Warren de La Rue et de L. Nasmyth.

Systéme solaire, 0ᵐ,41 sur 0ᵐ,23. **Constellations célestes des deux hémisphéres.** — Diamètre de chaque hémisphère, 0ᵐ,20. — Planche dressée par M. Amédée Guillemin et dessinée par M. Eugène Guillemin, pour l'atlas Vivien de Saint-Martin.

1. **Lumière zodiacale vue à Orsay.** — 2. **Lumière zodiacale au Japon.** — 3. **Étoiles filantes.** — 4. **Comète de Donati.** — 5. **Comète de Chezeaux.** — 6. **Comète de 1843.** — 7. **Comète de Coggia.** — 8. **Ciel de Paris (sud).** — 9. **Ciel de Paris (nord).** — 10. **Ciel austral.** — 11. **Cratéres lunaires.** — 11 planches de 0ᵐ,18 sur 0ᵐ,12, extraites des ouvrages de M. A. Guillemin. Elles ont été dessinées par M. E. Guillemin; les paysages sont de M. Ph. Benoist. Toutes ces planches sont gravées sur pierre, sauf les planches 7 et 9, qui sont en zincographie.

Rade des Dunes. Échelle: 1/150 000. — **Travaux de défense de la Pointe-de-Grave.** Échelle: 1/50 000. — **L'Europe après un affaissement de 160ᵐ.** — Ces trois cartes, dessinées par M. E. Guillemin et gravées sur pierre, sont extraites, les deux premières de l'ouvrage intitulé la *Terre*, par M. Elisée Reclus; la troisième de l'ouvrage, le *Fond de la Mer*, par M. Sonrel.

HACHETTE et Cie [33]

Éditeurs, 79, boulevard Saint-Germain, à Paris.

Grandes cartes murales, par MM. Achille et Gaston Meissas : **France** par départements, indiquant le relief du terrain, tirée en couleurs sur 12 feuilles jésus, mesurant ensemble 1ᵐ,95 sur 2ᵐ; — **Europe,** mêmes dimensions que la carte de France, tirée en couleurs et indiquant le relief du terrain.

Petites cartes murales écrites, par MM. Achille et Gaston Meissas : la **France,** l'**Europe,** l'**Asie,** l'**Afrique** et la **Palestine** ont 1ᵐ sur 1ᵐ,30 ; la Mappemonde, 1ᵐ,10 sur 1ᵐ,70 ; l'Amérique, 1ᵐ, sur 1ᵐ,95. — Toutes ces cartes sont coloriées.

Cartes murales muettes ou écrites, par M. Erhard. — *Voir* au nom de M. Erhard.

Petites cartes murales écrites, par M. E. Cortambert. — Ces nouvelles cartes sont imprimées en couleurs sur un seul morceau de toile. Elles ont 0ᵐ,95 sur 1ᵐ,20 et ne se vendent que montées sur gorge et rouleau ; ont paru : **France, Europe, Palestine, Planisphère.**

Atlas universel de géographie moderne, ancienne et du moyen âge, en 95 feuilles, format grand-jésus, 0ᵐ,66 sur 0ᵐ,55, gravées sur cuivre par les meilleurs artistes, avec un texte analytique et critique, publié sous la direction de M. Vivien de Saint-Martin. — L'atlas comprend trois grandes divisions : la géographie actuelle, physique et politique, le moyen âge et la géographie ancienne, conformément à la liste placée en tête de l'atlas. On peut juger de l'exécution matérielle de cet atlas par les spécimens exposés. — Il comprendra 100 cartes environ. Il paraît par livraisons.

Atlas-Manuel de géographie classique ancienne et moderne, à l'usage des collèges, des écoles secondaires et spéciales, du commerce et des gens du monde. 100 à 120 cartes gravées sur cuivre, format raisin, 0ᵐ,45 sur 0ᵐ,55, publiées sous la direction de M. Vivien de Saint-Martin. Par le format moindre de ses cartes et par sa composition, ce second atlas se distingue tout à fait du précédent : il ne fait nullement double emploi. Dans plusieurs de ses parties il est une réduction du grand atlas; mais il renferme en outre un grand nombre de cartes spéciales. Il est d'ailleurs gravé par les mêmes artistes, enluminé avec le plus grand soin, et dans toutes ses parties, malgré l'extrême modicité de son prix, exécuté avec la même perfection artistique.

Table de Peutinger, comprenant 18 livraisons in-folio, d'après l'original conservé à Vienne, précédée d'une introduction historique et critique, et accompagnée : 1° d'un index alphabétique des noms et de la carte originale avec les lectures des éditions précédentes; 2° d'un texte donnant, pour chaque nom, le dépouillement géographique des auteurs anciens, des inscriptions, des médailles, et le résumé des discussions touchant son emplacement; 3° d'une carte de redressement, comprenant tous les noms à leur place et identifiés, quand cela est possible, avec les localités modernes correspondantes; 4° d'une seconde carte rétablissant la conformité des indications générales de la table avec les connaissances présumées des Romains sous Auguste (*Orbis pictus d'Agrippa*), par M. Ernest Desjardins, maître de conférences à l'École normale supérieure et membre de l'Institut.

Nombreux atlas et livres de géographie de MM. Cortambert, Meissas et Michelot, Joanne, Brouard, Ansart, Desjardins, etc., sur la géographie ancienne, du moyen âge, moderne.

Géographie des départements de la France, avec la liste complète des communes du département et un dictionnaire alphabétique des localités les plus remarquables, par Ad. Joanne. — Chaque département, accompagné d'une carte et de vignettes intercalées dans le texte, forme un volume in-12 élégamment cartonné et se vend séparément.

Dictionnaires géographiques de Bouillet, de Joanne (France), de Meissas et Michelot, de Vivien de Saint-Martin (en cours de publication).

Nouvelle géographie universelle : la Terre et les hommes, par Élisée Reclus, 10 à 12 volumes grand in-8°, publiés par livraisons. 3 vol. ont paru : tome I, Europe méridionale; — tome II, France; — tome III, Suisse, Autriche-Hongrie, Empire d'Allemagne. — Cet ouvrage contiendra environ 2 000 cartes intercalées dans le texte ou tirées à part et plus de 600 gravures sur bois.

Géographie de la Gaule, d'après la table de Peutinger; 1 vol. grand in-8°, avec cartes par M. E. Desjardins, maître de conférences à l'École normale supérieure.

Le Tour du Monde, nouveau journal des voyages, publié, depuis 1860, sous la direction de M. Édouard Charton et très-richement illustré par nos plus célèbres artistes. — La collection comprend actuellement 17 volumes qui contiennent plus de 8 000 gravures.

Guides et itinéraires pour les voyageurs. — Cette collection, qui comprend 103 volumes, est constamment tenue à jour et continuée sous la direction de M. Adolphe Joanne.

L'Année géographique, revue annuelle des voyages de terre et de mer, ainsi que des explorations, missions, relations et publications diverses relatives aux sciences géographiques et ethnographiques, rédigée de 1862 à 1875 par M. Vivien de Saint-Martin, continuée depuis 1875 par MM. Maunoir et Duveyrier.

Publications de grand luxe dans le format in-4°, illustrées de nombreuses gravures : l'Espagne, par *Davillier;* — Londres, par *G. Doré* et *Louis Enault;* — Voyage d'exploration en Indo-Chine, par *Francis Garnier;* — Italie, Suisse, par *Gourdault;* — le Japon, par *Humbert;* — Voyage à travers l'Amérique du Sud, par *Marcoy;* — l'Inde des Rajahs, par *Rousselet;* — Rome, par *Francis Wey;* — les Bords de l'Adriatique et le Monténégro, par *Yriarte.* Enfin la librairie Hachette a publié un grand nombre d'ouvrages de Baker, Burton, Livingstone, Stanley, Schweinfurth, Thomson, Palgrave, Martin de Mourry, etc., et de beaucoup d'autres auteurs sur la géographie et la cosmographie.

HANSEN (J.) [106]

Dessinateur-géographe, 53, rue de Vaugirard, à Paris.

Cartes diverses d'un atlas scolaire de géographie ancienne composé de 50 cartes, publié par M. Poussielgue.

Planche extraite d'un recueil pratique sur les projections géographiques; ouvrage en projet.

Profil des principales routes suivies pour les ascensions au Mont Blanc, exécuté pour l'ouvrage de M. Durier sur le Mont Blanc.

Quatre spécimens de cartes dressées d'après les notes ou les croquis des voyageurs, pour le *Bulletin de la Société de Géographie :*
    1o Carte des frontières du Tibet et du Yun-nan, par l'abbé Desgodins;
    2o Bassin du Mackenzie, parcouru pendant onze ans par l'abbé Petitot;
    3o Cours du fleuve Rouge au Tongking, relevé pour la première fois par M. Dupuis, négociant français;
    4o Itinéraires du docteur Harmand en Indo-Chine; dessin inédit résumant la dernière partie de la mission du Ministère de l'Instruction publique.

Fragment manuscrit d'une carte de France, en vue de la reproduction sur papier peint. Échelle : 1/500 000. — La carte complète aurait 2^m,40 sur 2^m,60. Elle serait imprimée en 12 couleurs.

HAUSERMAN [100]

Graveur, 27, rue Saint-André des Arts, à Paris.

Carte du département de la Gironde, échelle : 1/250 000, devant faire partie d'un atlas départemental en cours d'exécution: dressée d'après les documents réunis des Dépôts de la Marine et de la Guerre ainsi que du Ministère des Travaux publics: gravée sur pierre.

Spécimens de gravure géographique sur pierre : Plan de Paris, Carte administrative forestière, Cartes des chemins de fer métropolitains de Londres, etc.

INSTITUT DES FRÈRES DES ÉCOLES CHRÉTIENNES [26]

10, rue Oudinot, à Paris.

Relief de la Côte-d'Or, 3ᵐ sur 0ᵐ,60, en 4 fragments. Échelle pour les bases : 1/20 000 ; pour les hauteurs : 1/10 000. Construit par le frère Raynuce ; exécuté en plâtre.

Reliefs de la province de Namur, 0ᵐ,60 sur 0ᵐ,70, comprenant un relief hypsométrique, un relief géologique et un relief en blanc. Échelle pour les bases : 1/160 000 ; pour les hauteurs : 1/40 000. Plans équidistants de 25 mètres. Dressés par le frère Alexis-Marie ; exécutés en plâtre et coloriés à la main.

Relief du canton de Castelnau, 1ᵐ sur 1ᵐ,20, exécuté en plâtre à 1/5 000 par le frère Jédulphin.

JÈROME [108]

Graveur, 45, rue Saint-André des Arts, à Paris.

Nueva Mappa de Asia. 0ᵐ,90 sur 1ᵐ,25. Cette carte fait partie d'une collection de 8 cartes. Elle a été dressée par M. Delamare ; elle est gravée sur pierre et tirée en noir et bleu. La montagne est en hachures.

JOULET [89]

Ingénieur, 28, rue Desbordes-Valmore, à Paris.

Plan de la ville et du port de Bouc (Bouches-du-Rhône), 1ᵐ,98 sur 1ᵐ,50. Dressé par M. Joulet, ingénieur. Carte manuscrite.

KLEINHANS (Mlle C.) [35]

Géographe, 19, rue Guénégaud, à Paris.

Relief de la France, 1ᵐ,30 sur 1ᵐ,30. L'échelle de la planimétrie est 1/1 000 000 (1 millimètre pour 1 kilomètre) ; l'échelle des hauteurs est 1/250 000 (1 millimètre pour 250 mètres). Les hauteurs sont donc quadruplées relativement aux longueurs.

Sur un plâtre convenablement dressé a été fait un calque de la carte murale de France à 1/1 000 000 de M. E. Levasseur. Le plâtre a été quadrillé comme un dessin cartographique ordinaire, et le détail des côtes, des cours d'eau et des montagnes a été repris avec un grand soin d'après les documents qui sont indiqués plus bas. Le relief a été sculpté ensuite dans la masse de plâtre.

Le modèle ainsi sculpté a servi à constituer un ou plusieurs moules à l'aide desquels les épreuves ont été obtenues. Chaque carte est ensuite peinte à la main, conformément à des lignes déterminées. Les noms sont (sauf ceux de la mer) imprimés à part et collés à la main.

Le relief a pour auteurs M. E. Levasseur et Mlle C. Kleinhans. M. Levasseur a préparé les matériaux, expliqué pour chaque contrée la nature du terrain et la manière de le traiter, vérifié les altitudes et corrigé pendant son exécution ce travail, dont certaines parties ont dû être refaites à plusieurs reprises. Mlle C. Kleinhans a sculpté seule de sa main toute la carte d'après les documents fournis et conformément au mode d'expression indiqué par M. Levasseur.

Pour la France, le fond du travail a été exécuté avec la carte d'état-major à 1/320 000 et la carte géologique de Dufrénoy et Élie de Beaumont à 1/500 000, la première donnant la planimétrie et le relief, la seconde l'indication des grandes lignes du terrain aux intersections des couches et la nature de la surface. Pour les parties montagneuses ou compliquées et pour les régions dans lesquelles le 1/320 000 n'était pas achevé, le travail a été fait sur le 1/80 000. Hors de France, on s'est servi de la carte de Coello et de celle de Vogel pour l'Espagne, du 1/50 000 piémontais et de l'Alpenländer de Mayr pour l'Italie; de la carte d'état-major de Suisse en quatre feuilles, de la carte de Ziegler à 1/380 000, et sur certains points de la carte d'état-major à 1/100 000; pour l'Allemagne, du 1/250 000 bavarois, de la carte hypsométrique de Papen à 1/1 000 000, de la carte d'état-major de la Hesse, de la carte de Prusse publiée par le ministère des travaux publics; pour la Belgique, de la carte d'état-major en 4 feuilles, etc.

Relief de l'Europe, 1^m,32 sur 1^m,40. Planimétrie à 1/4 000 000. Hauteurs à 1/1 000 000. — Les hauteurs sont donc, comme sur la carte de France, portées au quadruple de l'altitude vraie.

Cette carte a été exécutée suivant le même mode que la carte de France et par les mêmes auteurs. Le fond a été pris sur un calque de la carte murale d'Europe à 1/4 000 000 de M. E. Levasseur. Pour faciliter le travail de sculpture, au lieu de prendre un plâtre uni, on a fait mouler un plâtre portant la réduction à 1/4 000 000, par le procédé Colas, de la carte en relief de France et le relief des courbes de la carte murale de M. E. Levasseur.

Les matériaux employés ont été plus nombreux et plus divers que pour la carte de France : entre autres, la carte d'Angleterre de Keelh Johnston et celle de Stieler et la carte géologique d'Angleterre, les courbes de la partie méridionale de l'Angleterre communiquées par M. le capitaine Prudent, la carte d'Espagne de Coello et celle de Vogel, l'Alpenländer de Mayr, l'Italie en 2 feuilles, l'atlas de Stieler, la carte d'état-major de l'Algérie à 1/1 600 000 et la carte manuscrite de M. Levasseur, la carte hypsométrique de Papen, la carte murale de Mohl, celle de Wagner, celle de Donezal, la carte de Scandinavie du lieutenant Menzer, la carte de Russie de Kiepert, la carte de Russie de Petermann, la carte hypsométrique de l'empire austro-hongrois par Steinhauser, la Turquie de Handkte, la Grèce de Kiepert, l'Europe centrale à 1/300 000 par Scheda, etc.

Reliefs géologiques. Le dessin géologique a été fait pour la France d'après la carte géologique de Dufrénoy et Élie de Beaumont à 1/500 000, d'après les cartes géologiques de départements dans les parties qui présentent des différences avec le 1/500 000, d'après la carte du *Geological Survey* pour l'Angleterre, la carte de Dumont pour la Belgique, les cartes de Dechen, Escher, etc., pour l'Allemagne.

Cette carte est dressée d'après le système adopté pour la carte géologique de l'atlas de M. Levasseur (à la gravure en ce moment). Il consiste à représenter chaque grande période par une même couleur et à donner à cette couleur autant de nuances qu'on veut y montrer d'étages, en prenant la nuance la plus foncée pour représenter l'étage le plus ancien. Ce système fait voir au premier coup d'œil l'analogie des terrains d'une même période, et permet de passer, sans changer le sens des couleurs d'une carte donnant un certain détail (21 nuances pour la France), à une carte plus sommaire (9 nuances pour l'Europe et pour les cartes réduites de France) en supprimant les nuances. Il nous paraît utile pour l'enseignement. Il ne saurait être adopté pour une carte de géologie détaillée, dans laquelle le géologue a besoin de marquer surtout les limites des terrains voisins par des tons tranchés.

Cartes en relief réduites. Les cartes en relief réduites procèdent des grandes cartes et ont été obtenues par le procédé Colas et par les soins de M. Barbedienne. L'échelle relative des longueurs et des hauteurs y est donc la même que sur les grandes cartes.

Cartes des départements. Les cartes des départements sont en général à l'échelle de 1/500 000. Font exception : la Gironde, à 1/600 000 ; l'Aisne, à 1/200 000. Les hauteurs sont quintuplées sur les unes et seulement doublées sur les autres. Elles ont été dressées à l'aide de la carte d'état-major à 1/80 000 et exécutées par Mlle C. Kleinhans, sous la direction de M. E. Levasseur.

LAGIER [99]

Éditeur-auteur, 16, rue Tiquetonne, à Paris.

Carte des chemins de fer et canaux de la France, 0ᵐ,95 sur 0ᵐ,95. Échelle : 1/140 000. Dressée par Dumas-Vorzet ; gravée sur pierre par Wuhrer et tirée en plusieurs couleurs. Donnant l'indication instantanée de toutes les stations, d'après un système nouveau inventé par M. Lagier. Le même système a été appliqué à un plan de l'Exposition.

LAGRANGE [90]

Ingénieur en chef des ponts et chaussées, à Melun (Seine-et-Marne).

Carte hydrologique du département de Seine-et-Marne, 1ᵐ,29 sur 1ᵐ,05. Échelle : 1/100 000. Gravée sur pierre et tirée en plusieurs couleurs.

Atlas géographique et administratif du département de Seine-et-Marne contenant des cartes routières, hydrologiques et orographiques, dressées par les ingénieurs et conducteurs des ponts et chaussées et les agents voyers, et gravées par M. Régnier. — Carte diamant à 1/560 000. — Carte routière à 1/160 000. — Cartes d'arrondissement à 1/80 000. — Cartes de canton à 1/20 000. — Spécimen de cartes de communes à 1/10 000.

LAMOTTE [28]

Capitaine au 13e de ligne, à Nevers (Nièvre).

Progression du travail des reliefs en plâtre : plan; construction des gradins; modelage à la cire; moule en creux; épreuve en plâtre cru; report de la planimétrie.

Relief des environs de Quignon, à gradins équidistants. Échelle : 1/80 000.

LANÉE [21]

Éditeur, 8, rue de la Paix, à Paris.

Planisphère des voies de communication, 1ᵐ,80 sur 1ᵐ,35. Dressé par M. A. Vuillemin sous la direction de M. Châtelain.

Carte de la province du Shan-tung (Chine), 1ᵐ,15 sur 0ᵐ,80, imprimée en caractères chinois.

Carte hydrographique, itinéraire, administrative de la France, indiquant les voies de communication, les limites des préfectures, sous-préfectures et cantons. Échelle : 1/700 000. Gravée sur pierre; tirée en plusieurs couleurs.

Cartes diverses extraites de l'*Atlas de M. Bonnefont.*

LAPIE [15]

Instituteur, à Ay (Marne).

Relief du canton d'Ay. 0ᵐ,60 sur 0ᵐ,40. Échelle des dimensions horizontales : 1/40 000. Échelle des dimensions verticales : 1/20 000. Ce relief a été obtenu en superposant des feuilles de carton découpées d'après les courbes de la carte-minute de l'état-major.

Relief de la commune d'Ay. 0ᵐ,60 sur 0ᵐ,40. Échelle des proportions horizontales : 1/10 000. Échelle des hauteurs : 1/10 000. Relief obtenu par la superposition de cartons découpés d'après les courbes des minutes de la carte d'état-major.

LARUE [82]

Ingénieur, au Creuzot (Saône-et-Loire).

Carte des voies navigables de la France, 1ᵐ,20 sur 1ᵐ. Dressée par M. Larue, chef du service des transports des usines du Creuzot. Gravée sur pierre par M. Temporal, et tirée en quatre couleurs.

Manuel des voies navigables de la France, avec leur prolongement au delà des frontières; 1 vol. in-8°.

La Carte et le Manuel donnent ensemble des renseignements complets sur les conditions de navigabilité, le tirant d'eau, les modes de halage, les dimensions des écluses, les gares d'eau, les droits de navigation, les noms des ports, les distances kilométriques, les chemins de fer, etc.

LE BÉALLE (A. et P.) [70]

Dessinateurs-géographes, 23, avenue d'Orléans, à Paris.

Plan topographique de Paris, 1ᵐ,15 sur 0ᵐ,85. Échelle : 1/16 000. Dessiné par M. Paul Le Béalle. Lithographié sur 8 pierres et tiré en report. Les mouvements de terrain sont dessinés au crayon lithographique.

Plan topographique du département de la Seine, 0ᵐ,76 sur 0ᵐ,58. Échelle : 1/50 000. Dessiné par M. Paul Le Béalle, lithographié sur 8 pierres et tiré en report.

LEBOIS [27]

Maître-adjoint à l'école normale primaire de Grenoble (Isère).

Plan-relief de l'arrondissement de Saint-Étienne (Loire), 1ᵐ,25 sur 1ᵐ. Échelle pour les proportions horizontales et verticales : 1/40 000. Ce relief, obtenu par superposition de feuilles de carton découpées, a été établi d'après les feuilles minutes de la carte d'état-major et la carte géologique du département de la Loire par M. Grüner.

LEVASSEUR [36]

Membre de l'Institut, 26, rue Monsieur-le-Prince, à Paris.

Voir le détail des cartes exposées par M. Delagrave et par Mlle Kleinhans.

LEYMERIE [80]

Professeur à la faculté des sciences de Toulouse (Haute-Garonne).

Fragment de la carte géologique du département de la Haute-Garonne (feuilles de Toulouse, Saint-Gaudens, Luchon et terrains limitrophes), 1ᵐ,50 sur 1ᵐ,60. Échelle : 1/80 000. Carte dressée d'après celle de l'état-major, et coloriée géologiquement à l'aide des documents recueillis par M. Leymerie. Les teintes géologiques, y compris les barrés et les pointillés, sont au nombre de 25. — Cette carte est le complément d'une description géologique des Pyrénées dans les limites du département de la Haute-Garonne, complétée par un atlas oblong de 19 planches de coupes et vues géologiques, et de 30 planches de fossiles caractéristiques.

LOMBARD-DUMAS [77]

A Sommières (Gard).

Carte géologique du Gard, divisée en 4 arrondissements, 0ᵐ,95 sur 0ᵐ,68. Échelle : 1/84 000. Le fond de la carte est d'après Cassini. — Dessin et coloriage à la main par M. Émilien Dumas. — 26 couleurs. — Carte destinée à accompagner un volume de 1500 pages. — Gravure sur pierre. — Montagnes en hachures. — Une partie de l'œuvre a été publiée après la mort de l'auteur par son gendre M. Lombard-Dumas.

MAILLAT (Claude) [13 *bis*]

Instituteur, à Archignat (Allier).

Relief du bourg d'Archignat, 0ᵐ,251, sur 0ᵐ,245, avec indication des terres, jardins, maisons. Échelles : 1/1 000 pour les dimensions horizontales, 1/500 pour les hauteurs.

Relief de la commune d'Archignat, 0ᵐ,362 sur 0ᵐ,270. — Échelle : 0ᵐ,01 pour 236ᵐ.

Relief de la commune de Mayet-d'École, 0ᵐ,349 sur 0ᵐ,248. Échelle : 0ᵐ,01 pour 110ᵐ.

Plan-relief destiné à faire comprendre aux enfants les principaux **termes géographiques,** 0ᵐ,27 sur 0ᵐ,36.

Tous ces reliefs sont exécutés en bois, avec une imitation de mousse pour les bois et les arbres.

MAIRE DE LA ROCHELLE [30]

A La Rochelle (Charente-Inférieure).

Plan-relief de la ville de La Rochelle, 2ᵐ sur 1ᵐ,20. Échelles : 1/5 000 pour les bases, 1/500 pour les hauteurs. Ce plan a été obtenu par la superposition de lames de bois découpées suivant les lignes de niveau. — Les accidents du fond de la mer sont donnés sur le même principe, d'après les levés de M. Bouquet de la Grye, ingénieur hydrographe.

MALÈGUE (Hippolyte) [16]

A Charmes, par La Voulte (Ardèche).

Carte du département de la Haute-Loire, 0^m,92 sur 0^m,74. Échelle : 1/125 000. Dressée et dessinée par M. Malègne, d'après les cartes de l'état-major, et les documents des ponts et chaussées. Gravure sur pierre, tirage en report. Montagne figurée à l'estompe, avec lumière oblique.

Carte en relief de la Haute-Loire, 3^m sur 2^m50. Échelles : longueurs 1/40 000, hauteurs 1/20 000.

Carte en relief de la Loire, 1^m,20 sur 0^m,95. Échelles : longueurs 1/100 000, hauteurs 1/50 000.

Reliefs exécutés en plâtre et reproduits en staff (mélange de toile et de plâtre à mouler).

MANIER [40]

Auteur des cartes statistiques de l'instruction primaire,
2, rue des Deux-Gares, à Paris.

Progrès de l'instruction en France, de 1832 à 1873, quatre cartes de la France, teintées par départements suivant le degré d'instruction.

Carte de l'instruction populaire en Europe, représentant par 4 teintes différentes 4 catégories des peuples basées sur l'état de leur instruction; 0^m,65 sur 0^m,48.

Cartes des conscrits illettrés dans le département de la Seine-Inférieure, pendant la période quinquennale de 1872 à 1876.

MÉA (Paul) [47]

Graveur, 14, rue des Fossés-Saint-Bernard, à Paris.

Deux planches de la Navigation intérieure de la France. Échelle : 1/200. Ces planches, gravées pour l'école nationale des ponts et chaussées, font partie d'un cours comprenant une centaine de planches. Elles ont été tirées directement sur la gravure.

Plan des environs de Lorient. Échelle : 1/20 000; dressé et dessiné par M. Chaumont, lieutenant au 62e de ligne. Tiré directement sur la pierre de gravure.

Carte de l'Isthme de Suez. Échelle : 1/50 000. Carte gravée d'après un dessin de M. Desbuissons. Elle est tirée à la machine en 5 couleurs. La montagne est en hachures, les dunes sont figurées par un pointillé. En cartouche sont des plans d'Ismaïlia (1/25 000), de la rade de Port-Saïd et de la rade de Suez (1/60 000).

Carte de la Turquie, de la Grèce, de l'Italie méridionale. Échelle : 1/5 700 000. Cette carte fait partie de l'atlas Drioux et Leroy. Elle est tirée en 3 teintes, donnant des zones de hauteur. Les zones de profondeur des mers sont représentées par différentes nuances de bleu.

Carte du département de la Corrèze. Échelle : 1/160 000. Carte d'ensemble pour accompagner l'atlas cantonal du département (1/40 000). Elle est tirée directement en 4 couleurs.

Carte géologique de la Corrèze. Échelle : 1/160 000. C'est la carte précédente coloriée géologiquement d'après les travaux faits, il y a une quarantaine d'années, par l'ingénieur des mines de Boucheporn. Une croix indique les travaux géologiques exécutés en 1875. Le coloriage de cette carte (18 couleurs) résulte de 8 tirages à la machine.

Une feuille de la Carte du bassin houiller du Nord, dressée par M. Canelle. Échelle : 1/50 000 pour la carte même, et 1/10 000 pour les coupes de détail. La carte est gravée sur pierre et imprimée en 4 couleurs, savoir : routes, chemins de fer, montagne (en hachures) de couleur bistre ; rivières et canaux en bleu ; partie minéralogique en noir ; limites des concessions coloriées en carmin. Teintes bleue, carmin et violet ou lilas pour les veines distinguées d'après la nature des charbons. La carte complète du bassin houiller comprend 3 feuilles grand-monde.

MERCEY (DE) [72]

A la Faloise (Somme).

Carte géologique du département de la Somme, $1^m,816$ sur $1^m,336$. Échelle : 1/80 000. Cette carte, qui a pour fond la carte d'état-major, a été complétée géologiquement par les travaux de M. de Mercey. Elle fait partie d'une exploration géologique du nord de la France entreprise en 1857, et qui portera sur 26 feuilles de la carte d'état-major. Le coloriage géologique est manuscrit.

MINISTÈRE DE L'INTÉRIEUR [19]

Service vicinal, 9, rue Cambacérès, à Paris.

ALLIER : Carte de l'arrondissement de Moulins, $0^m,74$ sur $1^m,15$. Échelle : 1/80 000. Dessinée sous la surveillance de l'ingénieur-voyer en chef, d'après la carte de l'état-major, et les documents recueillis sur le terrain.—Gravée sur pierre et tirée directement en 4 couleurs, obtenues à l'aide de 4 tirages. — La montagne est figurée par des hachures de couleur bistre, exécutées d'après un relevé exact des courbes de la carte à 1/40 000 du Dépôt de la Guerre, réduites à 1/80 000.

AUDE : Carte routière du département de l'Aude, 0^m,18 sur 0^m,15. Échelle : 1/160 000. Dressée dans les bureaux de l'agent voyer en chef, d'après la carte de 1865, les cartes du Dépôt de la Guerre et les renseignements fournis par les services des ponts et chaussées, des mines, des forêts et des chemins vicinaux. — La topographie a été dessinée par Erhard. — La carte, gravée sur pierre, est tirée directement en 3 couleurs obtenues par un nombre égal de tirages : bleu pour l'eau, bistre pour la montagne, noir pour le reste. Toutes les autres couleurs que l'on trouve sur la carte y sont portées à la main. — La montagne est figurée en hachures avec lumière verticale.—La carte porte 2 tableaux : l'un indique la dénomination des voies ferrées, routes et chemins de grande et moyenne communication, l'autre le nombre de communes et le chiffre de la population par canton.

BOUCHES-DU-RHONE : Atlas cantonal, 14 feuilles ayant chacune en moyenne 0^m,28 sur 0^m,18, et 7 feuilles doubles ayant en moyenne 0^m,38 sur 0^m,28. Échelle : 1/100 000. — Dressée par M. Dépalme, dessinateur attaché au service vicinal, d'après les cartes du département et l'état général de classement des chemins vicinaux ordinaires. — La carte est gravée sur pierre, tirée par report en noir et coloriée à la main. — Il n'y figure pas de montagnes.

CALVADOS : Carte départementale routière et hydrographique, 0^m,68 sur 0^{m}98. Échelle : 1/125 000. — Dessinée par M. Canon, agent voyer, d'après la carte de l'état-major, les plans cadastraux et les projets du service vicinal. — Gravée sur pierre et tirée directement en 2 couleurs à l'aide de 2 tirages.

CHARENTE-INFÉRIEURE : Carte de l'arrondissement de Marennes, 84 cent. sur 62 cent. Échelle : 0^m,015 par kilomètre. — Dessinée par M. P. Viaud, agent voyer. —Lithographiée et tirée directement. — Coloriée à la main en 4 couleurs : bleu, vert, rose et jaune.—L'arrondissement n'a pas de montagnes ; les dunes sont indiquées par un pointillé. — La nature du sol est désignée par des teintes ; les chemins de fer sont indiqués par des traits noirs : le bornage kilométrique par des ■ et le nivellement par des chiffres rouges.

CORRÈZE : Atlas cantonal. Échelle : 1/40 000. — Gravé sur pierre et tiré par report en 4 couleurs, par 4 tirages—Les montagnes sont indiquées par des courbes de niveau.

COTE-D'OR : Carte du département de la Côte-d'Or. 1^m sur 0^m,75. Échelle : 1/150 000.—D'après les plans d'assemblage du cadastre et une ancienne carte dessinée par M. Liénard, ancien agent voyer, dressée par lui et augmentée par M. Beurton, agent voyer.—Gravée sur pierre, tirée par report et coloriée à la main. — Les montagnes sont représentées par des hachures, la ligne de partage des eaux est seule indiquée. — La carte donne les rivières, canaux, chemins de fer, les routes et chemins vicinaux de toutes catégories, ainsi que les limites administratives d'arrondissements, de cantons et de communes.

Carte géographique du canton de Fontaine-Française, 0^m,40 sur 0^m,50. Échelle : 1/60 000. — Dressée par M. Gascon, agent voyer principal, d'après la carte cantonale de Bunet, dressée en 1811. — Gravée sur pierre, tirée par report en 10 couleurs par 12 tirages.

DORDOGNE : Carte routière et hydrographique du département de la Dordogne, 1^m,53 sur 1^m,62. Échelle : 1/80 000. — Dressée par le service vicinal du département, sous la direction de M. Surugue, agent voyer en chef, d'après les plans d'assemblage du cadastre rectifiés et complétés, les renseignements fournis par les services publics, la carte de l'état-major et divers plans. — 6 feuilles gravées sur pierre et tirées directement, tout en noir, à l'exception des rivières, ruisseaux et cotes d'altitude qui sont en bleu. — Les cantons sont distingués par des teintes plates; des lisérés fondus figurent les limites d'arrondissement. — Le relief du terrain n'est pas figuré.

DROME : Carte du département de la Drôme, contenue dans un cadre de 0^m,91 sur 0^m,76. Échelle : 1/160 000. — Dessinée par M. Montagne, dessinateur du service vicinal, d'après la carte de l'état-major, complétée par les plans d'ensemble des communes et par les notes prises sur les lieux. — Gravée sur pierre par M. Erhard, à Paris, et tirée directement. — La carte comporte 2 couleurs, noir et bleu, pour les cours d'eau et les altitudes; ces couleurs sont obtenues par 2 tirages. — La carte n'indique pas les montagnes; elle a été coloriée à la main pour mieux faire ressortir les arrondissements et les voies de communication de toutes catégories.

Carte du canton de Tain, arrondissement de Valence, 0^m,685 sur 0^m,52. Échelle : 1/30 000. — Dressée par M. Taurelle, agent voyer, d'après le plan d'ensemble des communes et documents pris sur les lieux. — 1 feuille, gravée sur bois, en 3 couleurs par 3 tirages directs.—Les montagnes sont figurées par des hachures pour les abords du chef-lieu de canton seulement.—Les teintes de chaque commune sont faites à la main.

HAUTES-ALPES : Carte physique, politique, routière et administrative du département des Hautes-Alpes, 0^m,880 sur 0^m,685. Échelle : 1/160 000. — Dessinée par M. Erhard, à Paris, d'après la carte de l'état-major, complétée par le service des ponts et chaussées, par le service vicinal du département et par l'administration des forêts. — Gravée sur pierre et tirée par report en 5 couleurs par 5 tirages. — La montagne est figurée à l'estompe, lumière verticale. — La carte est complétée par le tableau des voies principales, chemins de fer, routes nationales et départementales, chemins vicinaux de grande communication et d'intérêt commun qui sillonnent le département.

HAUTE-VIENNE : Carte routière et hydrographique du département de la Haute-Vienne, 1ᵐ,60 sur 1ᵐ,28. Échelle : 1/100 000. — Extraite de la carte routière et hydrographique de la France, dressée par ordre du Ministre de l'Intérieur. — La carte, gravée sur pierre, est tirée directement en 4 couleurs à l'aide de 4 tirages.

HÉRAULT : Carte routière et vicinale, dressée par les agents voyers, sous la direction de M. Fenouil, agent en chef, 29 feuilles de 0ᵐ,45 sur 0ᵐ,50. Échelle : 1/43 200. — Établie d'après les plans cadastraux des communes, les feuilles d'ensemble et la carte de Cassini.— Dessinée par un agent voyer, autographiée par l'atelier de la préfecture. — Tirée en noir par report et coloriée à la main. — La montagne n'est pas indiquée.

ILLE-ET-VILAINE : Carte des voies de communication du département d'Ille-et-Vilaine, 1ᵐ,35 sur 1ᵐ,49. Échelle : 1/80 000. — Calquée sur le calque du Dépôt de la Guerre, en omettant les détails, par MM. Deroches et Labussière. — Lithographiée à la plume et tirée directement sur la pierre matrice. — 6 couleurs, jaune, rouge, bleu, vert, terre de Sienne et noire, obtenues par 6 tirages. — La carte est plate ; elle ne représente que la planimétrie avec les forêts comme nature de culture et des altitudes choisies comme topographie. — Elle est dressée dans l'intérêt du service vicinal ; les chemins y sont représentés avec exagération de l'échelle de largeur et avec des figurés de nature à renseigner sur leur état d'avancement.

INDRE : Carte du département de l'Indre, publiée par A. Nuret, libraire à Châteauroux, avec le concours des agents voyers ; 0ᵐ,91 sur 0ᵐ,66. Échelle : 1/200 000. — Dessinée par MM. Appé et Robin, agents voyers, d'après la carte de l'état-major. — Gravée sur pierre, tirage direct. Il a été fait un tirage des cours d'eau en bleu. — La carte ne comporte pas de montagnes. — Les limites d'arrondissement et de canton et les bois ont été teintés à la main.

INDRE-ET-LOIRE : Carte de la circulation sur les routes départementales déclassées et sur les chemins de grande et moyenne vicinalité, 0ᵐ,955 sur 0ᵐ,705. Échelle : 1/160 000. — Dessinée au bureau de l'agent voyer en chef, par M. Guérin, agent voyer, d'après l'atlas cadastral du département et les comptages de la circulation pendant l'année 1875, effectués par le service vicinal à différentes époques de l'année. — Autographiée par la maison Juliot, de Tours. — 6 couleurs, non compris le noir ; 7 tirages.

LOIRET : Cartes cantonales en atlas relié. — Les dimensions varient selon l'étendue des cantons : cependant toutes les cartes peuvent être renfermées dans un atlas de 0ᵐ,80 sur 0ᵐ,60. Échelle : 1/30 000. — Dessinées par M. Ed. Beauhaire, conducteur des ponts et chaussées, sous la direction de l'ingénieur en chef voyer du département, d'après les plans du cadastre dressés vers 1840 et revisés par les agents des ponts et chaussées et du service vicinal. — Les cartes sont autographiées, tirées directement en noir, et coloriées à la main en 7 couleurs. — La planimétrie seule est indiquée.

LOZÈRE : Carte routière du département de la Lozère, 1ᵐ,20 sur 1ᵐ,28. Échelle : 1/100 000. — Extraite de la carte routière et hydrographique de la France, dressée par ordre du Ministre de l'Intérieur. — Gravée sur pierre, tirée directement en 4 couleurs par 4 tirages.

MAINE-ET-LOIRE : Carte routière et vicinale du département de Maine-et-Loire, 1ᵐ,145 sur 0ᵐ,825. Échelle : 1/125 000. — Dessinée par M. Guyonneau, agent voyer, dessinateur au bureau central, d'après les cartes de l'état-major réduites par la photographie, l'atlas cantonal, les renseignements fournis par les administrations des postes et des télégraphes et par les agents voyers de tous grades. — Les vallées principales sont indiquées par des hachures. — La carte n'est pas encore gravée.

Un atlas relié de cartes cantonales à 1/40 000.

MARNE : Carte générale du département de la Marne au 1/200 000 ; — Cartes cantonales au 1/50 000 ; 0ᵐ,524 sur 0ᵐ68 à 0ᵐ,78. — Dessinées par divers agents et particulièrement par M. Bert, conducteur des ponts et chaussées ; 18 cartes parues sur 30. — Gravées sur pierre et tirées par report. — Elles comportent 5 couleurs qui exigent 5 tirages, plus les limites des départements, des arrondissements et des cantons, qui peuvent former 3 couleurs en plus et donnent lieu à autant de tirages. — Sur les cartes cantonales la montagne est indiquée par des courbes de niveau de 10 en 10ᵐ, plus fortes de 50 en 50ᵐ ; sur la carte générale elle est indiquée par des hachures avec lumière verticale ; des cotes bleues font ressortir les altitudes. — Chaque carte cantonale porte le plan du chef-lieu de canton et une notice statistique. — Il est exposé : la carte au 1/200 000 ; 5 cartes cantonales en exposition murale.

NIÈVRE : Trois cartes cantonales. Échelle : 1/40 000 ; 0ᵐ,554 sur 0ᵐ,824.

NORD : Carte routière du département du Nord. 0ᵐ,997 sur 0ᵐ,777. Échelle : 1/160 000. — Dessinée par M. Segard, agent voyer ; gravée sur pierre, tirée directement en 4 couleurs, noir, vermillon, bleu et vert, obtenues par 4 tirages différents. — La carte, essentiellement routière et sans surcharges inutiles, contient néanmoins toutes les subdivisions administratives, arrondissements, cantons et communes, ainsi que les altitudes des principaux points du département.

Carte routière et administrative du nord de la France et d'une partie de la Belgique, 0ᵐ,903 sur 0ᵐ,788. Échelle : 1/300 000. — Dessinée par M. Ternant, agent voyer principal à Dunkerque, d'après les cartes de l'état-major. — Autographiée et tirée en noir par report. — La carte indique les chemins de fer, les canaux et rivières navigables, les principaux cours d'eau non navigables, les routes nationales et départementales et les chemins vicinaux les plus importants.

Carte de l'arrondissement de Dunkerque, 0^m,923 sur 0^m,820. Échelle : 1/50 000. — Dessinée par M. Ternant, agent voyer principal à Dunkerque, d'après la carte de l'état-major, les plans cadastraux et les documents spéciaux du service. — Gravée sur pierre, tirée directement en 2 couleurs, noir et bleu. — Cette carte porte l'indication et l'altitude de tous les repères métalliques du nivellement général terminé en 1876 dans le département du Nord.

SARTHE : Nouvelle carte du département de la Sarthe, 1^m,38 sur 1^m,12. Échelle : 1/100 000. — Dressée par M. N. Othon, d'après les cartes de l'état-major mises au courant par le service vicinal. — Gravée sur pierre, tirée directement en noir. — Elle est planimétrique, hydrographique et routière. — Elle est spécialement destinée à l'enseignement primaire dans les écoles du département.

SEINE-ET-MARNE : Carte du canton de Melun, 0^m,66 sur 0^m,91. Échelle : 1/20 000. — Dressée par les agents des ponts et chaussées et du service vicinal, d'après les plans du cadastre. — La carte est lithographiée, tirée directement en 4 couleurs par 4 tirages. — La montagne est figurée par des hachures avec lumière verticale.—Les cotes de niveau sont empruntées à la carte de la Guerre, corrigée et complétée.

Cartes des arrondissements de Provins, Meaux et Coulommiers, 0^m 60 sur 0^m,81. Échelle : 1/80 000. — Dressée par les agents des ponts et chaussées et du service vicinal, d'après le cadastre et les cartes de la Guerre. — La carte est lithographiée et tirée directement en 4 couleurs par 4 tirages. — La montagne est figurée par des hachures à lumière verticale.

SEINE-ET-OISE : Carte routière et hydrographique du département de Seine-et-Oise, 0^m,95 sur 0^m,75. Échelle : 1/125 000. — Dressée par M. Lair, agent voyer, d'après la carte de l'état-major et les documents existant au bureau de l'agent voyer en chef. — La carte est gravée sur pierre, tirée par report en 9 couleurs, dont 4 de fond, obtenues par 8 tirages. — Il ne figure pas de montagnes sur la carte, qui donne la situation de tous les villages et hameaux, les bois, les cours d'eau, toutes les routes et tous les chemins vicinaux avec leurs numéros.

Cartes des arrondissements de Corbeil, 1^m,48 sur 1^m,50 ; **Étampes,** 1^m,50 sur 1^m; **Mantes,** 1^m sur 1^m,90; **Rambouillet,** 2^m sur 2^m. Échelle : 1/40 000. — D'après la carte de l'état-major à 1/80 000 amplifiée par la photographie, corrigée à l'aide des documents que possède le service vicinal. — Amplification photographique reportée sur pierre, tirée en noir. — Les voies de communication, les cours d'eau, les bois, les limites, sont coloriés à la main. — La montagne est la reproduction de la carte de l'état-major.

SOMME : Carte routière et administrative du département de la Somme, 0^m,944 sur 0^m,604. Échelle : 1/160 000.—Dressée par M. A. Fournier, ex-agent voyer en chef, et continuée par M. A. Daullé, d'après la carte de l'état-major. — Gravée sur pierre par M. Regnier, à Paris, et tirée par report en une seule couleur. — Elle est coloriée par cantons à l'aide d'un deuxième tirage. — La montagne est figurée par des hachures avec lumière verticale. — La carte contient un tableau des communes du département avec leur population et leur distance aux chefs-lieux de canton, d'arrondissement, de département.

Carte routière et administrative des quatre cantons d'Amiens, 0^m,533 sur 0^m,413. Échelle : 1/60 000. — Dessinée par M. F. Macron, agent voyer d'arrondissement, d'après la carte de l'état-major à 1/80 000 et les plans cadastraux des communes à 1/10 000. — Gravée sur pierre par M. Erhard, à Paris.—La carte comporte 4 couleurs obtenues par autant de tirages directs ; elle est coloriée par cantons à l'aide d'un 5me tirage. — La montagne n'est pas figurée. — La carte contient, à part, un plan d'Amiens à 1/25 000 et un tableau des communes des quatre cantons d'Amiens, avec leur population, leur superficie et leur distance au chef-lieu de canton.

TARN : Carte routière et administrative du département du Tarn, 1^m,46 sur 1^m,14. Échelle : 1/80 000, en 4 feuilles. —C'est la reproduction textuelle de la carte de l'état-major au 1/80 000, complétée par l'addition des voies vicinales, localités, etc., qui avaient pu être oubliées, et par la figuration des bois.—Gravée sur pierre et tirée directement en 5 couleurs (noir, vert, bistre, bleu et orange) à l'aide de 5 tirages.—La montagne est figurée à l'estompe par des teintes fondues de couleur bistre avec la lumière verticale. — Les retouches, additions et corrections ont été faites par les soins du service vicinal ; celui des ponts et chaussées n'est intervenu que pour la partie se rapportant aux routes nationales et départementales.

TARN-ET-GARONNE : — Carte du département de Tarn-et-Garonne, 0^m,93 sur 0^m,62. Échelle : 1/120 000.—Calquée sur une vieille carte dressée en 1841 par M. Aubry, géomètre en chef du cadastre, et complétée par l'agent voyer en chef, d'après la carte de l'état-major pour l'orographie, les routes, les chemins vicinaux et les chemins de fer. — Elle est gravée sur pierre et tirée par report en 4 couleurs à l'aide de 4 tirages. —La montagne est figurée par des hachures avec lumière verticale.

VENDÉE : Deux feuilles de la carte routière et hydrographique de la Vendée (épreuves). 0^m,40 sur 0^m,64. Échelle : 1/100 000. —Extraites de la carte routière et hydrographique de la France, dressée par ordre du Ministre de l'Intérieur. —Gravure sur pierre, tirage direct en 4 couleurs par 4 tirages.

VIENNE : Carte administrative et vicinale, 0^m,98 sur 0^m,73. Échelle : 1/160 000. — Dessinée par l'agent voyer en chef, d'après la minute de la carte d'état-major, la minute du cadastre et les documents spéciaux appartenant au service vicinal. — Elle est destinée à figurer comme ensemble en tête d'un atlas cantonal à 1/40 000 avec cotes de niveau, composé de 33 feuilles, savoir : la carte en question, une carte géologique et 31 feuilles représentant chaque canton séparément.—La carte est gravée sur pierre et se tire directement en 3 couleurs (noir, bleu et rouge), obtenues par 3 tirages séparés. — Elle ne comporte qu'une série de principales cotes d'élévation inscrites en bleu, les cartes cantonales devant comprendre un nivellement détaillé par courbes de niveau.

MURET (C.) [74]

5, rue de Pontoise, à Paris.

Étude de topographie, 0^m,51 sur 0^m,39, avec signes conventionnels et vues sur les marges. Échelle : 1/20 000. — Cette étude, exécutée d'après la carte d'état-major, fait partie d'un ouvrage sur la lecture des cartes, qui comprend aussi un relief désigné d'autre part et une brochure. — Carte gravée sur pierre et imprimée en report. — L'exemplaire exposé a été colorié à la main. — Le relief du terrain est figuré partie en courbes, partie en hachures, et l'éclairement est en lumière zénithale sur une partie du terrain, et en lumière oblique sur l'autre.—Le terrain n'est qu'un terrain imaginaire.

Relief d'un terrain fictif, 0^m,51 sur 0^m,39. Échelle : 1/20 000, pour les trois dimensions. — Ce relief, exécuté en staff, est celui du terrain de la carte désignée ci-dessus. — Il est colorié avec les teintes conventionnelles.

Autre Relief d'un terrain fictif, 0^m,20 sur 0^m,15. — Il est destiné à donner les premières notions sur la lecture des cartes. — Il est également exécuté en staff et renfermé dans une petite boîte dont la face inférieure du couvercle est garnie d'une carte du même terrain. — Une brochure accompagne les deux reliefs.

Relief du canal de Suez, reproduit d'après l'original de M. le vice-amiral Paris. Échelle de 1/100 000 pour les distances horizontales et de 1/20 000 pour les hauteurs.

NADAR [70 *bis*]

51, rue d'Anjou-Saint-Honoré, à Paris.

Relevé planimétrique, obtenu par la photographie, d'une nacelle d'aérostat; reproduisant l'Arc de triomphe de l'Étoile et ses environs; 0^m,45 sur 0^m,55. Ce premier essai de photographie aérostatique pourrait être appliqué au cadastre, à la stratégie, etc. Les dernières expériences de M. Nadar lui permettent de garantir désormais la netteté absolue de la mise au point.

NAUDIN-NYON [48]

Graveur, 49, rue Lecourbe, à Paris.

Iles de Monte-Christo et de Panaria, gravure exécutée en teintes à la machine; travail plus prompt et plus économique que la gravure en taille.

Modèles de teintes graduées exécutées à la machine.

Cartes de la Nouvelle-Calédonie, dressées par M. Banari, lieutenant de vaisseau. Gravées sur cuivre.

NIVET (A.) [88]

A La Grave, près Échoisy par Luxé (Charente).

Tracé d'un projet d'irrigation de la France, dessiné sur un exemplaire de la *Carte de France pour le service du Génie*. — Au bas de la carte sont les profils en long des canaux et une légende développée. Ce système de canaux serait destiné à empêcher les inondations.

OURSEL [38]

69, rue de Douai, à Paris.

Positions géographiques de la France, tableau dressé sous la direction de M. Oursel, ancien capitaine du génie auxiliaire, membre de sociétés savantes. Ce tableau donne l'indication des localités, du département auquel elles appartiennent, leur latitude, leur altitude, leur longitude de Paris en degrés et en temps, et les distances de Paris à vol d'oiseau, par voie de terre, par voie ferrée, enfin légales. .

PARISOT [79]

A Belfort (Haut-Rhin).

Carte topographique et géologique des environs de Belfort, dressée d'après les minutes du Dépôt de la Guerre, 1^m,30 sur 0^m,90. Échelle : 1/40 000. Gravée sur pierre et tirée en plusieurs couleurs. Courbes de niveau.

PAUPION-GAULARD [71]

Éditeur à Dijon (Côte-d'Or).

Carte des environs de Dijon, 0^m,62 sur 0^m,50. Échelle : 1/50 000. — Dressée d'après la carte d'état-major, le cadastre et les documents des ponts et chaussées. — La carte a été dessinée par M. L. Bonnamas, ancien géomètre du cadastre : elle est gravée sur pierre et imprimée en 5 couleurs : noir, pour les localités, les routes, les contours des cultures, la lettre; bleu, pour les eaux; brun, pour les courbes de niveau; vert foncé, pour les bois; vert clair, pour les prés; violet, pour les vignes. — L'équidistance que représentent les courbes est de 10^m.

Plan d'ensemble de Dijon, 0^m,69 sur 0^m,53. Échelle : 1/5000. —Plan cadastral, dessiné par M. L. Bonnamas, ancien géomètre du cadastre, et gravé sur pierre. Il est tiré en 5 couleurs : noir, pour les contours et les écritures ; bleu, pour les eaux ; rose, pour les maisons privées ; violet, pour les édifices publics ; vert, pour les plantations.

PÉNEAU (E.) [29]

A Bourges (Cher).

Carte en relief du département du Cher, 1^m,40 sur 1^m,10. Échelle de la planimétrie : 1/100 000 ; échelle des hauteurs : 1/10 000. — Relief en plâtre, construit par la superposition de feuilles de carton découpées selon les courbes. — Le nivellement du Cher, par Bourdaloue, la carte d'état-major et la carte du Cher, par M. Bon, ont servi à l'exécution de ce travail, sur lequel figurent de nombreuses cotes d'altitude.

PERRIN (A.) [109]

Éditeur à Chambéry (Savoie).

Carte du département de la Haute-Savoie, 1/150 000 ; **Carte physique du département de la Savoie**, 1/150 000. — Ces deux cartes ont été dessinées par M. Jacques Dijond, dessinateur lithographe, au moyen des cartes de l'ancien état-major sarde et de l'état-major français. — Elles sont en lithographie à la plume et tirées directement. — Les montagnes sont en hachures et éclairées à 45°.

Nouvelle carte physique, routière et administrative des départements de la Savoie et de la Haute-Savoie. Échelle : 1/250 000. — Carte dressée d'après les deux précédentes et mise au courant d'après les cartes des agents voyers.—Elle a été dessinée par M. J. Dijond, et lithographiée à la plume. — Montagnes en hachures, avec éclairage à 45°.

Aix-les-Bains, le lac du Bourget et leurs environs. Échelle : 1/50 000 ; **Plan de Chambéry et de ses environs.** Échelle : 1/50 000. — Ces deux plans ont eu comme base les cartes des états-majors français et sarde et les minutes des agents voyers.

PEUT (Hippolyte) [10]

15, place Vendôme, à Paris.

Plan de la propriété de la Société de Saint-Louis du Rhône. Échelle : 1/10 000. Ce plan a été levé sur le terrain par M. Léger, ingénieur.

Photographies de la ville de Saint-Louis, de l'écluse côté du bassin, etc.
Voir aussi au nom de M. Villot.

PILON et Cie (Abel) (**LE VASSEUR**, succ.) [2]

Éditeurs, 33, rue de Fleurus, à Paris.

Atlas départemental de la France, de l'Algérie et des colonies, contenant 106 cartes gravées sur cuivre par C. Lorsignol, et accompagné d'un texte explicatif rédigé au point de vue historique, physique, géographique, biographique, administratif, statistique, archéologique, descriptif et monumental, par H. Fisquet. Les cartes ont 0^m,29 sur 0^m,29 ; elles sont tirées directement sur cuivre et coloriées à la main. La montagne est en hachures.

Atlas universel, physique, historique et politique de géographie ancienne et moderne, composé et dressé par H. Dufour, gravé sur acier par Ch. Dyonnet. Complété et tenu constamment au courant des nouvelles découvertes, d'après les données officielles des Ministères de la Guerre et de la Marine, cet atlas comprend 40 planches de 0^m,55 sur 0^m,75 à échelles différentes, tirées directement sur acier et coloriées à la main, avec montagne en hachures.

Carte administrative et physique de la France, indiquant les canaux, les rivières navigables, les routes, les chemins de fer avec leurs stations, dressée par M. H. Dufour, gravée par Ch. Dyonnet, 1^m,50 sur 1^m,10. Tirée directement sur la gravure et coloriée à la main.

PONSIN (A.) [98]

A Montmorency (Seine-et-Oise).

Carte cantonale de la forêt et de la vallée de Montmorency, 0^m,59 sur 0^m,86. Échelle : 1/20 000. — Carte dressée à l'aide des matériaux du cadastre, du parcellaire des compagnies de chemins de fer, des données de l'administration des forêts, enfin, des levers de l'auteur. — Le dessin a été fait par M. Ponsin. — La carte est gravée sur pierre et tirée directement. — Le tirage est en noir ; le coloriage est fait à la main. — Le relief est en hachures légères, avec éclairement zénithal.

POZIER [86]

Géomètre, 148, rue du Faubourg-Saint-Denis, à Paris.

Triangulation des boulevards extérieurs de Paris, avec les distances à la méridienne et à la perpendiculaire de l'Observatoire. 1^m,35 sur 0^m,90. Carte manuscrite, indiquant en outre le développement des monuments où sont situés les points de station avec les rattachements sur le sol.

PRÉFET DE LA DORDOGNE [39]

A Périgueux (Dordogne).

Voir **Ministère de l'Intérieur : Dordogne.**

PRÉFET DES HAUTES-ALPES [19]

A Gap (Hautes-Alpes).

Voir **Ministère de l'Intérieur : Hautes-Alpes.**

RAYMOND-SIGNOURET [73]

3, carrefour de Montreuil, à Versailles (Seine-et-Oise).

Carte de France instantanée, 0^m,93 sur 0^m,96. — Carte dessinée par MM. Sagansan et Bourreau, gravée sur pierre et dressée d'après un système particulier qui permet de trouver immédiatement l'emplacement d'une localité. Les montagnes sont en hachures, avec lumière oblique.

RÉGNIER [51]

Graveur, 105, rue de Rennes, à Paris.

Carte des arrondissements de Gannat et de La Palisse dans le département de l'Allier. Échelle : 1/80 000. Dressée d'après les documents fournis par le Ministère de l'Intérieur. Gravée sur pierres et tirée directement sur la gravure en quatre couleurs. La montagne y est figurée par des hachures suivant le mode employé par le Dépôt de la Guerre.

Carte du département du Tarn. Échelle : 1/80 000. Dressée d'après les documents fournis par le Ministère de l'Intérieur. Gravée sur cinq pierres et tirée en cinq couleurs. La montagne y est figurée au crayon lithographique.

Atlas, composé de cartes diverses indiquant les différents genres des travaux exécutés par M. Régnier.

REVAUX (Prosper) [95]

3, rue de Lyon, à Paris.

Altitudes des diverses gares du réseau de Paris-Lyon-Méditerranée, avec indication de leur distance de Paris : tableau manuscrit accompagné d'un diagramme permettant la comparaison des altitudes, établies d'après une échelle de 1/10 000.

RICHARD (l'abbé) [84]

A Montlieu (Charente-Inférieure).

Carte hydrogéoscopique ou hydrogéologique de l'Europe, $0^m,86$ sur $0^m,60$. Échelle : $1/7\,800\,000$. — L'auteur a indiqué, d'après la carte de Keith Johnston, par des points rouges et bleus, les endroits où, d'après ses recherches, doivent se trouver des sources.—Il expliquera, dans un ouvrage (en préparation), la théorie sur laquelle il appuie ses idées à ce sujet. — Le coloriage est à la main. — Au bas de la carte se trouve un tableau d'un grand nombre de sources découvertes par l'auteur.

ROBERT [25]

81, rue de Crimée, à Paris.

Plan de la ville d'Arras (Pas-de-Calais), $3^m,45$ sur $2^m,78$, exécuté en bois, avec ses maisons, ses fortifications, son parc d'artillerie, sa gare de chemin de fer, etc. Commencé en 1832, ce plan n'a été achevé par M. Robert qu'en 1877.

ROLLAND-BANÈS [85]

Ingénieur civil des mines, au Havre (Seine-Inférieure).

Notice sur la recherche de la houille dans le département de la Seine-Inférieure, publiée, en vertu d'un vote émis par le Conseil général, par M. L. Rolland-Banès, ingénieur civil des mines; brochure in-8°.

Planches relatives aux gisements de houille, représentant : 1° la partie de l'Europe contenant les plus riches bassins houillers connus jusqu'à ce jour dans cette partie du monde; 2° à l'aide de la géométrie descriptive, la forme du bassin de transition dans lequel se sont opérées successivement les formations carbonifère, houillère et autres; 3° et 4° une série de coupes de grande importance. Ces planches sont gravées sur pierre par Wuhrer et tirées en noir; les détails sont coloriés à la main.

SAGANSAN [52]

Géographe, 15, rue Montmartre, à Paris.

Carte d'Europe, en 9 feuilles jésus. Échelle : $1/2\,000\,000$; dressée d'après les cartes officielles des divers pays par M. Sagansan; gravée sur acier; les montagnes en hachures; le tirage est fait directement sur la planche.

Carte d'Europe, en 2 feuilles grand-aigle. Échelle : $1/4\,000\,000$; dressée d'après les cartes officielles des divers pays, et dessinée par M. Sagansan; gravée sur acier; la montagne en hachures; le tirage est fait directement sur la planche.

Carte du mouvement des Chemins de fer de la France, avec l'indication des heures d'arrivée à toutes les stations et le prix des places. Échelle : 1/1 000 000. Tirée par reports en 3 couleurs.

Cartes des Postes de la France, $1^m,12$ sur $1^m,04$, indiquant toute la viabilité par terre, par chemin de fer et par eau. Échelle : 1/1 000 000. Gravée sur acier ; dessinée par M. Sagansan sur les cartes du Dépôt de la Guerre.

Carte des Écoles, $1^m,13$ sur $1^m,17$. Échelle : 1/1 000 000. Tirée en 3 couleurs sur report ; dessinée par M. Sagansan.

Carte de la France, à l'usage des écoles, indiquant les chemins de fer et les voies navigables. Échelle : 1/2 000 000. Gravée sur acier ; les montagnes en hachures.

Carte muette de la France. Échelle : 1/2 000 000, indiquant les chemins de fer et les voies navigables ; gravée sur cuivre ; les montagnes en hachures.

Carte des Chemins de fer et de la Télégraphie. Échelle : 1/1 700 000, indiquant les chemins de fer avec toutes les stations ; gravée sur acier ; dessinée par M. Sagansan.

SCHRADER (Franz) [87]

46, rue d'Assas, à Paris.

Carte du Mont Perdu et de la région calcaire des Pyrénées centrales (versant espagnol). Échelle : 1/80 000. Dressée d'après la carte de l'état-major français, les renseignements des gens du pays, et les explorations personnelles de l'auteur, cette carte, qui est manuscrite, comprend la partie du massif des Pyrénées qui s'étend de l'Ara à la Cinca, sur un espace de 1 200 kilomètres carrés. L'auteur a fait de nombreux relevés sur le terrain, en se servant d'un instrument de son invention, auquel il a donné le nom d'orographe, et qui dessine et mesure sur un plateau circulaire tous les points visés par la lunette qui en forme le sommet ; c'est ainsi qu'il a relevé d'abord le versant français, puis le versant espagnol, en reliant ses visées à celles du versant français qu'il avait vérifiées et en prenant pour base les coordonnées de l'état-major français. Il s'est attaché à reproduire le terrain avec assez de vérité pour que l'on puisse reconnaître sur la carte les faits géologiques ou stratigraphiques, dont l'ensemble n'est pas discernable dans la montagne même. Une réduction à 1/100 000 a été obtenue par l'héliogravure.

Tableau des principales visées à l'aide desquelles a été dressée la carte des montagnes des environs du Mont Perdu.

SOCIÉTÉ DE L'ISTHME DU DARIEN [83]

4, rue de la Bourse, à Paris.

Carte générale du Darien méridional, 2^m,50 sur 1^m,50. Échelle : 1/100 000. Dressée par M. le lieutenant de vaisseau Lucien N. B. Wyse, à la suite de son exploration accomplie en vue du percement de cet isthme et de l'exécution d'un canal inter-océanique, et donnant les déterminations astronomiques, l'hydrographie, la géodésie, la topographie, etc.

Carte manuscrite résumant la question du **percement de l'isthme américain** en 1877, 2^m,50 sur 1^m,50, et reproduisant des coupes et profils pour la comparaison des projets de canaux inter-océaniques avec le canal de Suez.

SOCIÉTÉ DES SCIENCES , BELLES-LETTRES ET ARTS DE MONTAUBAN [75]

A Montauban (Tarn-et-Garonne).

Carte géologique du département de Tarn-et-Garonne , 0^m,60 sur 0^m,86 (chaque feuille). Échelle : 1/120 000. — Cette carte est la feuille d'assemblage d'une carte du département, en 16 feuilles, à 1/300 000. — Gravure sur pierre.—Tirage en 4 couleurs : bistre, pour les montagnes, bleu pour l'hydrologie, rouge pour la grande voirie, et noir pour la vicinalité.

SOCIÉTÉ DE STATISTIQUE [45]

15, rue des Saints-Pères, à Paris.

Carte manuscrite des centenaires en France, dressée par M. Bourdin, d'après la statistique générale de la France, publiée annuellement par le Ministère des Travaux publics. — Elle se rattache à quelques études sur la longévité.—Elle ne comporte qu'une couleur (noir), 11 nuances.

Carte du suicide en France (par départements), dressée par M. Bourdin, d'après les comptes rendus de la justice criminelle en France.

Tableau graphique du développement de l'instruction primaire dans l'armée française (période 1828-1867), dressé par M. Bourdin, d'après les comptes rendus publiés par le Ministère de la Guerre. — Carte manuscrite comportant 4 couleurs.

Cartes de la population de la France, dressées par M. Bertillon, d'après les documents officiels pour la période 1857-1866. — Les unes sont extraites de l'atlas intitulé *Démographie de la France*, les autres sont une réduction de quelques-unes des grandes cartes pour l'enseignement de la démographie à l'école d'anthropologie, dont les principales sont exposées au Trocadéro, section des sciences anthropologiques.

Statistique du bégaiement en France, par M. Chervin; diagramme, 0,65-0,47, d'après les procès-verbaux des conseils de révision de 1850 à 1869.

Les mouvements des bilans de la Banque de France pendant la guerre de 1870 et le payement de l'indemnité, d'après les documents recueillis sur les relevés officiels; tableau manuscrit, dressé par M. Juglar et colorié à la main en 5 couleurs.

Cartes pour servir à la géographie physique et économique de la France, dressées par M. Levasseur, membre de l'Institut; 8 planches mesurant environ $0^m,30$ sur 0^m43 et contenant 114 cartes de France, à l'échelle de 1/700 000 et de 1/14 000 000, et donnant de 6 à 24 cartes de France par feuilles; d'après des documents originaux (la plupart inédits et communiqués par les administrations) relatifs à la statistique économique et administrative de la France, d'après un assez grand nombre de documents privés relatifs à la statistique de l'industrie, enfin, d'après les publications météorologiques, etc.

Ce sont les 8 premières planches publiées de l'atlas physique, politique, économique de la France. — La majeure partie des cartes ont été dessinées par l'auteur; la carte hypsométrique a été dessinée et exécutée d'après le système général de l'atlas, par M. le capitaine Prudent. Plusieurs cartes de statistique ont été dessinées par M. Dufresne, d'après les tableaux de statistique dressés par M. Levasseur.

Les cartes sont gravées sur pierre et tirées par report, en noir pour le fond, rouge et bleu pour les teintes de la statistique, le bleu servant à indiquer les parties au-dessous de la moyenne, le rouge les parties au-dessus.

Une seule carte porte le figuré des terrains, mais c'est une carte hypsométrique en deux couleurs, rouge et bleu.

Mouvement postal; — Mouvement télégraphique; — Proportion des dépêches internationales; — Mode d'accroissement de la population des villes et des campagnes; — Degré de population des campagnes. Ces cartes sont manuscrites et établies par M. Loua, suivant une méthode spéciale, d'après les dénombrements de la population de 1872 à 1876, des documents inédits communiqués par l'administration des postes et des télégraphes et la statistique internationale d'agriculture.

Les grands faits économiques et sociaux; 1 vol. grand in-8°.

Atlas agricole, composé de 36 cartes, indiquant : 1° les principales cultures; 2° les animaux domestiques; 3° la division du sol agricole; dressé par M. Loua.

Cartes de France, $0^m,60$ sur $0^m,68$, dressées par M. le docteur Lunier, coloriées à 6 teintes de même couleur avec légende, destinées à figurer : **A.** *la proportion par département des aliénés recensés en 1872;* — **B.** *la proportion par département des aliénés assistés en 1874;* — **C.** *la proportion par département des dépenses d'entretien des aliénés assistés en 1874.*

Carte de France, 0^m^,60 sur 0^m^,68, dressée par le M. docteur Lunier, coloriée à 3 teintes (rouge, jaune et noir) avec légende ; elle représente *la production en 1873 de l'alcool de vin* (rouge), *de l'alcool de betterave et de mélasse* (jaune) *et des alcools de fruits et de grains* (noir).

Tableau synoptique des divorces de 1830 à 1875 (46 ans) pour le royaume de Belgique, dressé par M. Jules Robyns, d'après les documents recueillis par le Ministère de l'Intérieur, avec la répartition, non-seulement pour chacune des neuf provinces, mais encore pour les quatre villes principales (Anvers, Bruxelles, Gand, Liége) et les communes limitrophes de Bruxelles. — Les moyennes quinquennales, décennales et autres se trouvent à la suite, et le tableau est terminé par l'indication du nombre des divorces et séparations de corps accueillis pendant les années 1874-1875 et 1875-1876, d'après les documents du Ministère de la Justice.

Tableaux comprenant les éléments statistiques concernant la population, les mariages, les divorces, les séparations, les naissances et les décès pour chacune des provinces des anciens Pays-Bas (formant aujourd'hui les royaumes de Hollande et de Belgique), à partir de 1801 jusqu'à 1875, et même jusqu'en 1877 pour une partie ; dressés par M. Jules Robyns.

SOCIÉTÉ DE TEMPÉRANCE [44]

6, rue de l'Université, à Paris.

Cartes de France, coloriées à 6 teintes de même couleur, 0^m^,60 sur 0^m^,68, avec légende, et destinées à figurer : **A.** *la consommation par habitant en* 1873, *dans chacun des départements, de la bière, du cidre, du vin, de l'alcool* (4 cartes) ; — **B.** *la proportion par* 10 000 *habitants des inculpés pour cause d'ivresse publique en* 1874, 1875, 1876, et 1874-1876 (4 cartes) ; — **C.** *la statistique des morts accidentelles par suite d'excés de boisson en* 1872-1875 (1 carte) ; — **D.** *la statistique des cas de folie de cause alcoolique en* 1867-1869, 1874-1876 (1 carte) ; — **E.** *la statistique des suicides par excès de boisson en* 1876 (1 carte).

Ces cartes ont été dressées par M. le docteur Lunier, à l'aide de documents recueillis par l'auteur, soit directement, soit par l'intermédiaire des Ministères des Finances et de la Justice.

Bulletins de la Société ; 5 vol. in-8o.

Production et consommation des boissons alcooliques en France, par le docteur Lunier ; 1 vol. in-8o.

Dangers de l'abus des boissons alcooliques, manuel d'instruction populaire, par M. Picard ; 1 vol.

Avis sur les dangers des boissons alcooliques ; tableau.

Divers travaux récompensés par la société (5 brochures).

Travaux publiés sur la question de la tempérance et de. l'alcoolisme (12 volumes et brochures).

SONNET [107]

Graveur, 99, boulevard Saint-Germain, à Paris.

Plan de la ville de Paris, $0^m,76$ sur $0^m,57$, annexé aux guides Conty. — Gravé sur pierre (trait, lettres et bois), tiré directement. — Deux teintes en lithographie.

Spécimen de gravure : environs de Paris, $0^m,30$ sur $0^m,23$, d'après la carte de l'état-major.—Gravure sur pierre, tirage direct.—La montagne est figurée par des hachures avec lumière oblique.

Plan de Versailles, faisant partie d'un ouvrage publié par M. Dunod. — Il est gravé sur pierre, tiré par report et comporte 5 couleurs, obtenues à l'aide d'un même nombre de tirages.

Trois cartes des environs de Marseille.—Spécimen des cartes annexées à l'ouvrage les *Villes mortes du golfe de Lyon*, par M. Lenthéric, ingénieur des ponts et chaussées. — Gravées sur pierre, tirées directement en 3 couleurs à l'aide de 3 tirages. — La montagne est figurée par des hachures, avec lumière oblique.

Les Iles Britanniques, carte physique, relief du sol, productions; $0^m,29$ sur $0^m,42$. — Spécimen de cartes exécutées pour l'atlas Drioux et Leroy. — La carte gravée sur pierre est tirée directement en 6 teintes gravées, obtenues par 3 tirages. — La montagne est figurée par des courbes de niveau et des hachures avec lumière oblique. — La carte est accompagnée de légendes indiquant les principales productions et industries.

Les Iles Britanniques, $0^m,50$ sur $0^m,40$.—Spécimen des cartes exécutées pour l'atlas Saint-Cyr.—La carte, dessinée par M. Dubail, est gravée sur pierre, tirée directement et comporte 3 couleurs obtenues à l'aide de 3 tirages. — La montagne est figurée au crayon avec lumière oblique.

Carte d'Europe physique et politique, $0^m,43$ sur $0^m,32$. — Spécimen des cartes exécutées pour l'atlas géographique de l'école Monge. — Gravée sur pierre, tirée par report, en 6 couleurs, à l'aide de 3 tirages. — La montagne est figurée au crayon lithographique.

Asie physique, relief du sol, productions; $0^m,42$ sur $0^m,295$. — Spécimen des cartes exécutées pour l'atlas Drioux et Leroy. — La carte est gravée sur pierre et tirée directement en 4 teintes obtenues par 2 tirages. — La montagne est figurée par des courbes de niveau et des hachures avec lumière oblique.—La carte est accompagnée de légendes indiquant les principales productions et industries.

Carte marine : port Barrow. — Gravée sur pierre, tirage direct. — La montagne est figurée par des hachures avec lumière oblique.

Fragment d'un plan de la bataille de Novi.— Spécimen des cartes faisant partie de l'atlas des Mémoires pour servir à l'histoire militaire sous le Directoire, le Consulat et l'Empire, par le maréchal Gouvion Saint-Cyr.— Gravé sur pierre, tiré directement. — La montagne est figurée par des hachures avec lumière oblique.

TARRY [43]

46, boulevard Magenta, à Paris.

Tableaux météréologiques, au nombre de six, indiquant les routes suivies par les tempêtes pendant les mois d'octobre, novembre et décembre 1877, janvier, février et mars 1878.

Histoire de l'Atmosphère en avril 1876; vol. in-8°.

Voir aussi au pavillon météorologique du Trocadéro.

TRÉMAUX [116]

2, rue Vernier, à Paris.

Atlas d'un voyage dans la Nigritie avec carte du désert de Korosko et carte d'une partie de la Nigritie relevée par triangulation à la boussole à alidade entre le 9° et le 12° parallèle nord et 33° et 33°,10′ de longitude est.

Parallèle des édifices anciens et modernes du continent africain, atlas comprenant des exemples de chaque style, choisis parmi les monuments les plus intéressants et les moins connus.

Détermination, avec le secours des cotes d'inondation, du niveau de la mer Méditerranée et de la mer Rouge avant sa vérification pour l'exécution du canal de Suez.

Divers volumes et publications de voyages.

VILLOT (G.) [9]

15, place Vendôme, à Paris.

Plan du canal Saint-Louis et du port du Rhône, à l'embouchure de ce fleuve, comprenant le littoral français de la Méditerranée d'Avignon à la mer et de Marseille à Cette, et indiquant les créations maritimes, industrielles et commerciales projetées. Dessiné et peint sur toile avec teintes de relief.

Relief des extrémités du canal Saint-Louis, 3ᵐ sur 1ᵐ,10. Échelle : 1/1000. — Ce relief, construit en bois et carton, est colorié à la main.

Voir aussi au nom de M. Peut.

VINCENT, DAVID ET FOUCAUD [111]

A La Rochelle (Charente-Inférieure).

Carte de géographie botanique du département de la Charente-Inférieure, avec catalogue à l'appui. Cette carte, de 1^m,95 sur 1^m,20, a été dressée à l'échelle de 1/120 000, par M. Vincent, inspecteur primaire à La Rochelle, avec la collaboration de M. David, docteur en médecine, et de M. Foucaud, instituteur public, membre de la Société botanique de France. A l'un de ses angles se trouve une petite carte (échelle : 1/500 000), indiquant le tracé du littoral et le régime des eaux du département de la Charente-Inférieure à l'époque gallo-romaine, d'après les données géologiques, les documents historiques et les cartes de l'état-major et de la Marine.

VUILLAUME ET GOTENDORF [5]

51, rue La Bruyère, à Paris.

Carte de la rivière de Seine de Paris à Rouen, dressée au point de vue spécial de la navigation. Échelle : 1/12 500. L'atlas comprend 25 planches de 0^m,54 sur 0^m,35, gravées sur pierre. Le tableau de comparaison des hauteurs des ponts dans chaque bief est à l'échelle de 1/100 ; les croquis des ponts à l'échelle de 1/500.

WALLON (E.) [97]

A Montauban (Tarn-et-Garonne).

Profils panoramiques des Pyrénées centrales.—Ils font partie d'une collection qui comprendra aussi les cartes topographiques (1/120 000) des deux versants pyrénéens. Ces profils ont été dessinés sur place par l'auteur, qui opère ses levers à l'aide d'instruments ; ils sont gravés sur pierre en 5 couleurs.

WUHRER [46]

Graveur, 52, rue Gay-Lussac, à Paris.

Carte géologique du département de l'Hérault, par M. P. de Rouville, professeur à la faculté des sciences de Montpellier. — Travail exécuté en lithochromie sur des reports de la carte de France à 1/80 000. Le coloriage géologique est en 28 couleurs, obtenues avec 8 pierres seulement.

Carte hydrologique du département de Seine-et-Marne, par M. Delesse. — Carte imprimée en 10 couleurs au moyen de 6 tirages.

Cartes de divers champs de bataille des États-Unis de l'Amérique du Nord.—Ces cartes ont été dessinées par M. Dumas-Vorzet, pour l'*Histoire de la Guerre de sécession* par M. le comte de Paris. Elles sont gravées sur pierre et imprimées en 3 couleurs (noir, bleu, bistre). Les montagnes sont en hachures, avec éclairement zénithal.

Usine de Chaillot. — Planche gravée sur pierre pour le service des eaux et des égouts de la Ville de Paris; imprimée en noir et bleu.

Plan de Paris. Échelle : 1/10 000. Gravé sur pierre pour le service du plan de Paris.

Carte de la Haute-Garonne. — Cette carte a été dessinée par M. Dumas-Vorzet, pour l'établissement d'une carte géologique par M. Leymerie. Elle est gravée sur pierre et obtenue par tirage direct.

Étude topographique, orographique et stratigraphique d'un fragment de la chaîne du Lomond — L'auteur de cette carte, M. Parandier, inspecteur général des ponts et chaussées, a voulu montrer les nouvelles lignes défensives naturelles de notre pays. La carte est gravée sur pierre. La montagne est en hachures, et avec éclairement vertical.

Petite carte hypsométrique de la France, par le capitaine Prudent. — Gravée sur pierre, et imprimée en 15 couleurs, à l'aide de 7 planches.

Une feuille extraite de la Carte géologique du département de l'Ariége, par M. de Mussy, 0^m,50 sur 0^m,80. Échelle : 1/80 000. Carte en lithochromie sur un report de la carte de France.

Carte du pas de Calais, indiquant les affleurements de la craie entre la France et l'Angleterre, d'après les reconnaissances exécutées en 1875 et 1876 par MM. Larousse, ingénieur hydrographe de la Marine, Potier et de Lapparent, ingénieurs des Mines. Échelle moyenne : 1/50 000. Carte gravée sur pierre et imprimée en 7 couleurs, dont 5 teintes géologiques. La mer est en bleu de 5 tons différents, qui expriment les zones de profondeur.

Coupe des mines de houille de Chalonne. — Planche gravée sur pierre et imprimée en 3 couleurs, par tirage en report.

Feuilles : Douai, Abbeville, Bourges, de la carte géologique détaillée de la France, exécutée sur des reports de la carte de France à 1/80 000.

PARIS. — IMPRIMERIE DELALAIN

1 ET 3, RUE DE LA SORBONNE.

PARIS. — IMPRIMERIE DELALAIN
1 ET 3, RUE DE LA SORBONNE.